世界一わかりやすい！

FXチャート実践帳

次の動きが読める！勝てる！儲かる！

グローバルインフォ株式会社 CEO
今井雅人

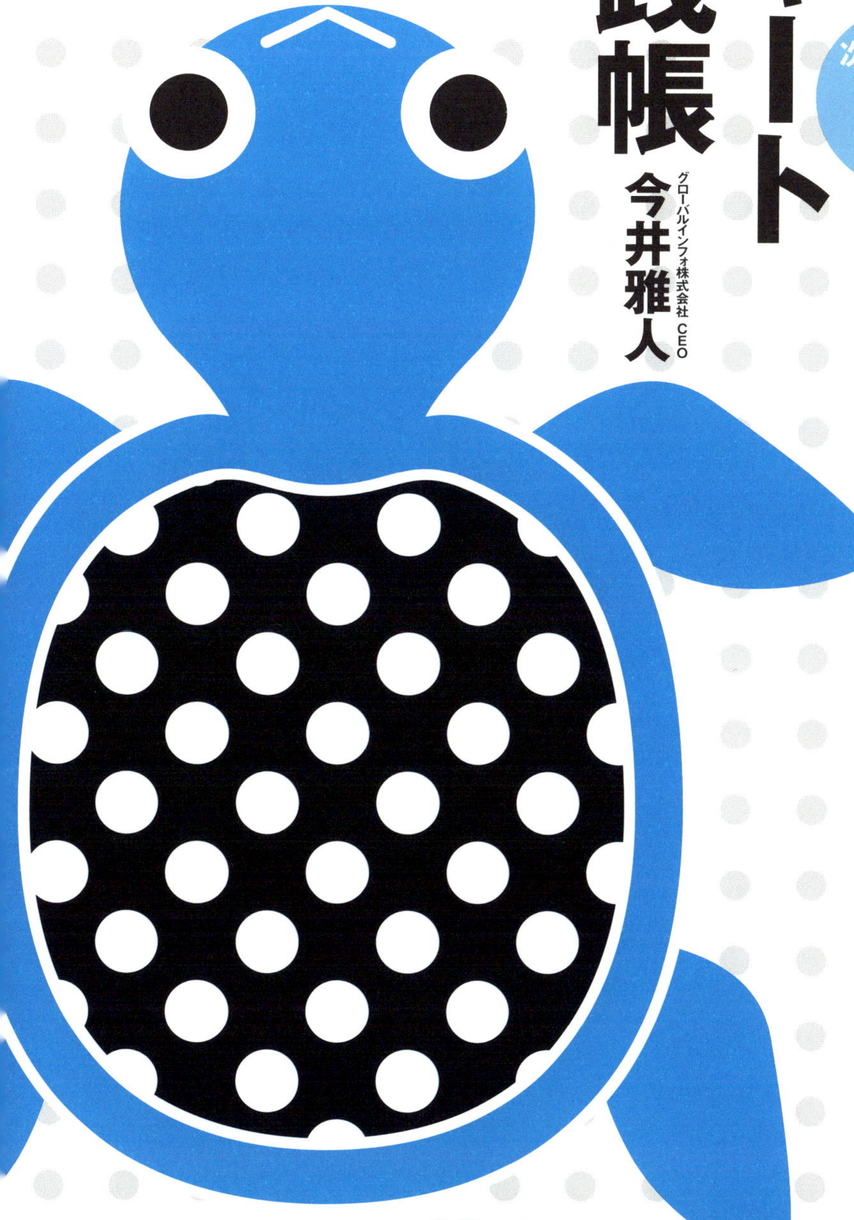

あさ出版

はじめに

皆さん、こんにちは。マット今井こと今井雅人です。

1998年に「外国為替及び外国貿易法（通称：外為法）」が改正されて早10年、規制緩和によって生まれたFXも、随分と世間に認知されてきたように思います。為替を生業にしてきた者としてはうれしい限りです。

ただ、その反面、様々な情報が錯綜し、何を基準に取引をしていいのかわからないと戸惑っている方が多いのも事実です。

「勢いでFXを始めて、トレードはずっと勘に頼っていた」という方もいるでしょうし、「チャート分析力を、もっとレベルアップさせたい」と考えている方もいるかもしれません。

そこで、こうしたFXの初心者・初級者を対象に、チャートの分析力を身につける本を書かせていただくことになりました。

相場の先行きを予想するには、様々な方法があります。「ファンダメンタルズ分析」や「テクニカル分析」という言葉は、皆さんも一度は耳にしたことがあるでしょう。ただ、こうした分析方法をすべて理解するのは、FXを始めたばかりの方にとっては、大変なことかもしれません。一度にあれもこれもと詰め込みすぎて、結局やる気がなくなってしまった……ということになってしまう恐れもあります。そこで、視覚的に認識できてわかりやすい“チャート分析”に特化して、とことん相場を予測する力をつけよう、というのが本書の狙いなのです。

本書では、まず、Chapter 1で「FXの魅力とは何か」「実際の取引で気をつけることは何か」という点についてふれています。

FXの特徴をおさらいし、為替トレードの基本原則を改めて知ることで、勝負の心構えができるはずです。

Chapter 2では、チャートの読み方から、相場に現れる様々なパターンを説明しています。ここでは、特に私自身が実際に取引をする際に注目しているチャートのパターンを数多く盛り込みました。チャートを読むための基礎知識を、このChapterで習得してください。

次のChapter 3では、利益を残すための“ルール”をまとめました。

いくらチャートが読めたとしても、基本的な原則を知らなければ、儲けのタイミングを逃してしまいます。そうならないためにも、解説の内容をしっかりと頭に入れておいていただきたいと思います。

Chapter 4からChapter 6にかけては、問題に挑戦していただきます。

チャート分析の手法を駆使して、相場の動向がどのように進むのか、予測してみてください。

ただ何となく設問を解くのではなく、「実際のトレードでこういう場面に遭遇したら……」という意識を常に持ちながら、チャートに向き合ってもらいたいと思います。

「自分なら、どのタイミングで買う（売る）だろうか？」

「もし見通しが誤っていたら、どうすればいいだろうか？」

そんなことを考えながら問題を解いていくことで、チャートを見る力が自然と身につくことでしょう。

本書では初心者の方でもわかりやすいように、専門用語をなるべく少なくしています。またどうしても専門的な内容になってしまう場面でも極力わかりやすい表現に努めました。

もし問題や解説などで、よく意味がわからない部分が出てきたとしても、出題チャートを繰り返し読み込んでみてください。そうすることで、相場のパターンが次第に理解できるようになり、チャートを読み解く力が必ず身につくはずです。

最後になりますが、本書の執筆にあたっては、弊社システムエンジニアの松村君とアシスタントの遠藤君のサポートを得ながら進めることができました。この場をお借りしてお礼を申し上げます。

今井雅人（マット今井）

目次

Chapter2 チャートパターンを理解しよう

チャートから何が読みとれるの？

チャートパターンを理解する①
～パターンが有効な理由と3つの補助線～

チャートパターンを理解する②
～その他の重要なチャートパターン～

Chapter 3
確実に儲けるために知っておきたい基本原則

きちんと利益を残すための基本原則11

Chapter 4
チャート分析力が身につく37問

練習問題を解いてみよう！

Chapter 5 売買の勘が身につく20問

仮想売買にチャレンジしてみよう！

Chapter 6 移動平均線の見方をマスターする10問

移動平均線の見方を知ろう

本書で使用しているチャートのなかには、作成ソフトの特性上、日足の期間と週足の期間が完全に一致していないものがありますが、相場予測を行ううえで支障はありません。

本文デザイン／株式会社ライラック
本文イラスト／須山奈津希

Chapter 1

チャートを活用するための基礎知識

FXの魅力って何だろう？

この本を手に取られた皆さんは、為替に関する基礎的な知識やFX（外国為替証拠金取引）のしくみについては、すでに理解されていることと思います。そのうえで、チャートの活用法を学びたいとお考えでしょう。

しかし、その前に、改めてFXという取引の特徴について考えてみたいと思います。そもそも、数あるオンライントレードのなかで、今、FXに注目が集まっているのはなぜでしょうか？

理由は大きく分けて4つあります。

メリット❶ 取引時間の長さ

ひとつ目は、何より24時間取引ができる*ということ。

日本株のトレードは9時半から15時まで。しかも間に昼休みが入り、その時間は取引ができません。

これに対して、FXに代表される為替取引は、24時間市場が開いています。トレードができないのは土日のみ。日本の祝日も海外の市場は開いていますから、取引量が減ることはあってもなくなることはありません。いつでも取引ができるのです。

このことは、特に悪いニュースが報じられたときに非常に重要になってきます。

例えば、あなたがある株を買って、その日の取引を終えたとしましょう。その夜、この株が大きく下落するようなニュースが流れました。

しかし、株の場合は、次の日の取引時間を迎えるまでは売買することができません。結局、あなたは所有している株式が大きく下落することがわかっていながら取引に臨むことになるのです。

これに対し、為替取引ではこのようなことはありません。仮に悪いニュースが出ても、すぐに持っているポジションを売ればいいのです。

図1-1 株とFX 取引時間の違い

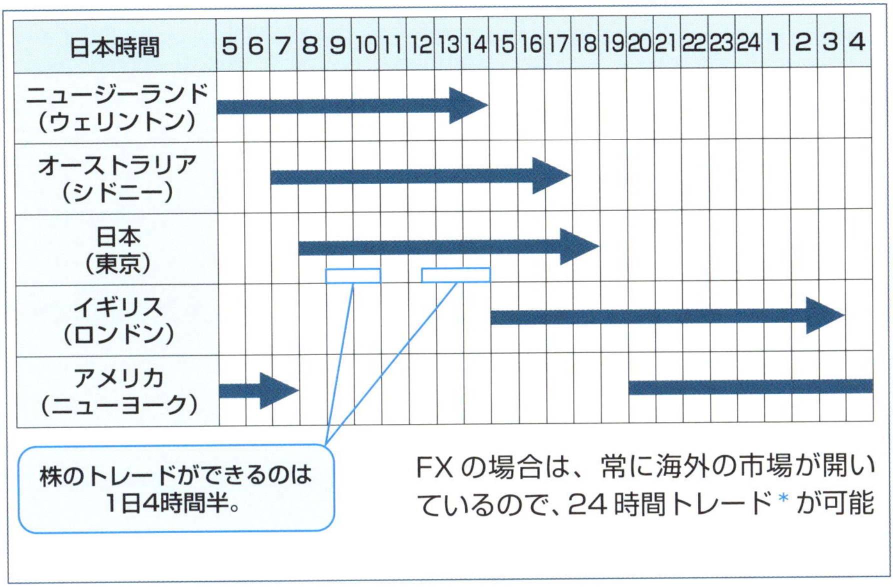

＊事業者によっては取引ができない時間帯を設けている場合もあるので注意！

また、為替相場において活発にトレードが行われるのは、午後6時頃から午前1時頃までの間。この間に、海外のディーラーたちが積極的に取引に参入してきます。これはつまり、日中仕事をしている人たちが最も取引しやすい時間帯が、為替相場が最も動く時間帯と重なるということです。これもFXの強みといえるでしょう。

メリット❷ レバレッジの活用

2番目に挙げられるメリットはレバレッジです。この考え方がよくわからないという人がいますが、それほど複雑な考え方ではありません。

10万円を口座に入れたときに、レバレッジが10倍の口座であれば、100万円と同等の（100万円を持っているのと同じ）取引ができるということです。

ただし、10万円しか持っていないのに100万円分の取引ができるということは、裏を返せば損失も10倍になるということ。つまり、ハイリスク・ハイリターンの投資になるわけです。

とはいえ、レバレッジは自分で調整することが可能です。ですから、リスクを抑えたいと思えば、10万円で100万円分の取引ができるといわれても、あくまで10万円分の取引をすればいいのです。

「むやみにレバレッジを引き上げない」

これが、確かな取引をしていくコツでしょう。ちなみに初心者の方は、レバレッジを２～３倍程度にしていただきたいところです。レバレッジを５倍以上に設定すると、損失が一気に拡大してしまいますから、高いレバレッジ設定は、中級者以上になってからチャレンジするのが賢明です。

図1-2 レバレッジを利用すれば額面以上の取引が可能

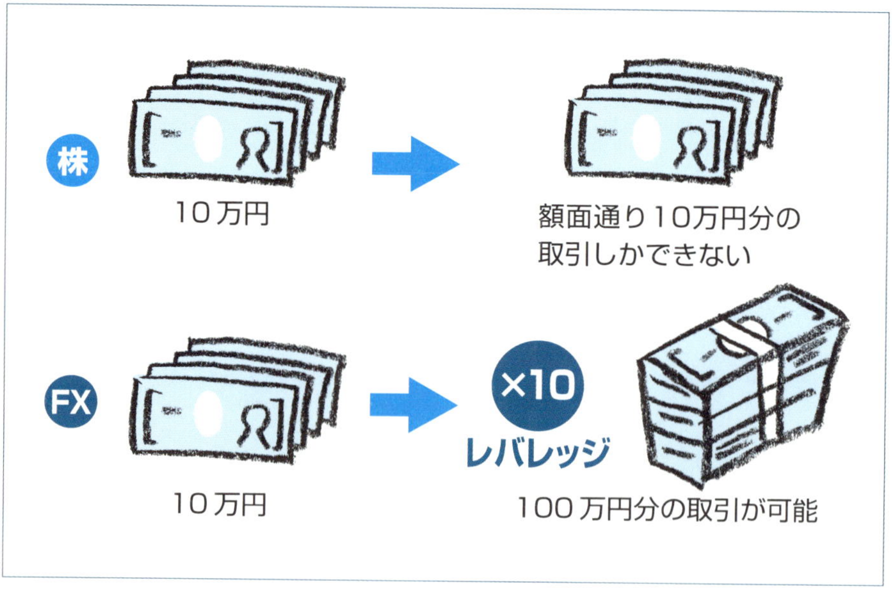

メリット❸ 流動性の高さ

3番目は流動性の高さです。

為替取引は世界中の人々が売買をしていますから、売りたいときに買ってくれる人がいない、買いたいときに売ってくれる人がいない、という問題がほとんど起きません。

かなり巨額の資産を動かすとなれば話は別ですが、個人投資家が売買をするレベルであれば、取引が成立するか否かを気にする必要はほとんどないでしょう。株の取引に「ストップ安」「ストップ高」があることを考えると、この流動性の高さは個人投資家にとって大きな安心感につながるのではないでしょうか。

メリット❹ 売り取引の手軽さ

最後に、FX取引の大きな特徴として、売り取引の手軽さが挙げられます。株式でも空売りなどがありますが、FXの場合は、もっと手軽です。なぜなら株式と違って、為替では買いも売りも実質的には同じことだからです。

例えばドル円での取引を考えた場合、ドルを買っているということは、反対の円は売っていることになります。逆にドルを売っているということは、円を買っているということになります。

別の例で考えてみましょう。

FXではユーロドルのように、まったく円が関係しない通貨ペアも取引することができます。FXは、あくまで「証拠金」を入れているだけで、実際に手元に通貨を保有するわけではないからです。

ユーロドルで、「買い」といえば“ユーロ買いドル売り”。「売り」といえば“ユーロ売りドル買い”です。

相場が上昇するときにはユーロを買う（ドルを売る）、下落するときにはユーロを売る（ドルを買う）ことになり、どちらの場合もトレードとし

図1-3 「売り」と「買い」は同じこと

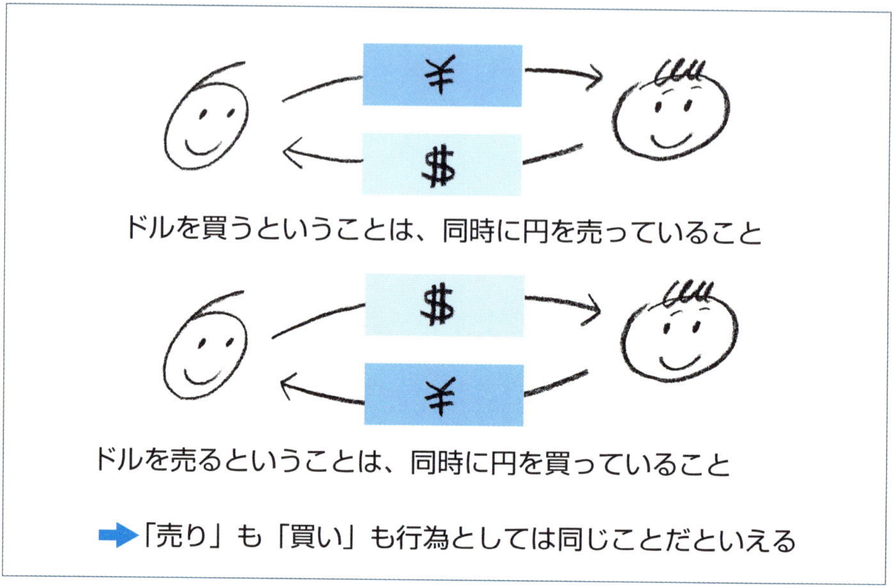
¥
$
ドルを買うということは、同時に円を売っていること
$
¥
ドルを売るということは、同時に円を買っていること
➡「売り」も「買い」も行為としては同じことだといえる

ては同じだというわけです。

このように、「円」を介在させない取引で考えれば、売りと買いが同じだということが、わかりやすくなるのではないでしょうか。

以上のことがわかれば、買いと同じように手軽に売りを楽しむことができるはずです。「売り」は怖いと思っている人もいるようですが、必要以上に恐れる必要はないのです。

意外と大きいその他のメリット

以上が直接的なメリットですが、さらに取引とは関係のない隠れたメリットもあります。この「裏のメリット」こそ、私が為替取引を楽しんでいる理由であり、FXの一番の魅力でもあります。

ひとつは、為替取引によって**世界が身近に感じられる**ということ。ニュースで、ドルやユーロなどの通貨に関する情報が報じられると、親近感を覚えるようになります。

また、通貨の値動きは世界情勢に影響されますから、国際的なニュースにも敏感になります。

利益に直接結びつくことではありませんが、世界の動きが身近に感じられるという点は、他の投資対象ではなかなか得ることができない、重要な要素ではないでしょうか。

さらに、売買を行うと、自分自身の心の動きに敏感になります。

失敗をしたときに「また同じ間違いをしてしまった」「今回の失敗の原因は××をしてしまったことだ」などと取引を振り返ることになるので、非常に思慮深くなります。

普段の生活のなかで、このように自分の行動を省みる機会はなかなかありませんから、これも魅力のひとつだといえるでしょう。

では、以上を踏まえて、実際の取引でどんなことに気を付けなければならないか、考えていきたいと思います。

図1-4 FXの隠れたメリット

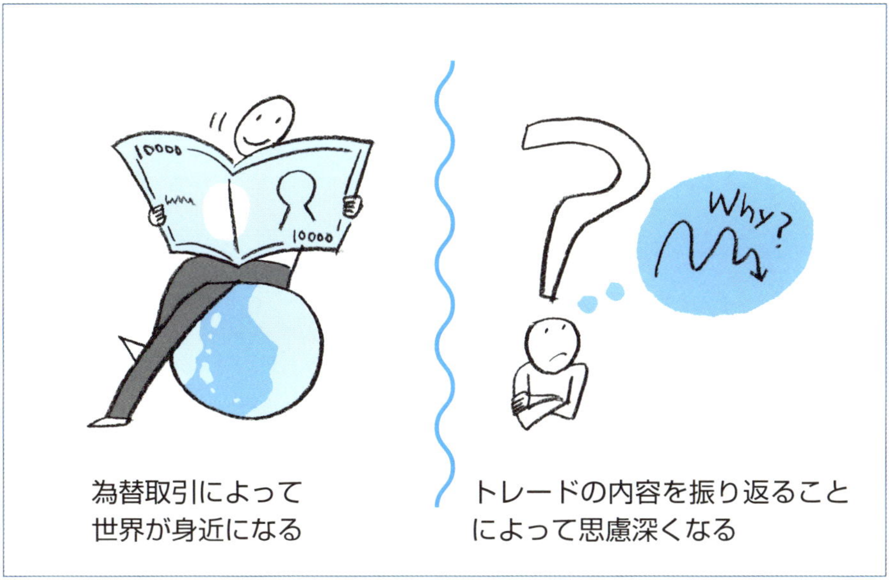

為替取引によって
世界が身近になる
トレードの内容を振り返ること
によって思慮深くなる

トレードを始める前に覚えておきたい4つのポイント

ポイント❶ 利益を上げることを優先する

FXの特徴を押さえたところで、早速チャートの見方を……といいたいところですが、その前に、トレード（取引）を始めるにあたって押さえておきたいポイントがいくつかがあります。

以下、順にご説明していきましょう。

まず、ひとつ目のポイントは、投資の最終的な「目的」についてです。

投資の目的とは何でしょうか？

それは利益を上げることです。

なぜ、そんなわかりきったことを言うのかと不思議に思う人もいるかもしれません。しかし、この原則は意外と重要なのです。

トレードをしている人たちを見ていると、わざわざ損をしたがっているとしか思えないような、おかしな取引をしている人がいます。

そういう人たちは、利益を上げることよりも、トレードによって得られるスリルを楽しんでいたり、自分の仮説が正しいかどうかを証明したいと考えていたりと、利益以外のものを優先しているようです。

もちろん、取引をどのように楽しむかは個人の自由ですが、少なくとも本書を手に取ってくださった皆さんは、純粋に利益を残すことを考えていることでしょう。したがって本書でも、「いかに利益を残すか？」という点を最優先に考え、その方法を論じていくつもりです。

では、どうすれば相場で利益を残せるのか？

答えは単純明快。「安く買って高く売る（高く売って安く買う）」ということです。

当たり前じゃないかと思われるかもしれません。しかし、実際に相場で取引をしていると、なかなかこの原則通りにはいかないものです。

値がかなり上昇した後に「もっと上がるのではないか？」と考えて高値で買い、その後突如急落して損をしてしまったり、大きく下落して反転の兆しの見えた絶好の買いのチャンスに、「こんなに下がったんだから、まだ下がるかもしれない」と、折角の機会を見逃してしまったり……。

そんなミスが、実際にはよく起こるのです。

本書では、このような失敗を避けるための技術や、チャンスをつかんでしっかり利益に結びつける手法を惜しみなくお伝えしていきます。これからお伝えする技術や手法を確実に実践するためにも、取引を始める前に、「安く買って高く売る（高く売って安く買う）」という基本原則を頭の中に入れておいてください。

なお、この原則は、必ずしも「どん底」で買って「天井」で売るという

図1-5 安く買って高く売る（高く売って安く買う）

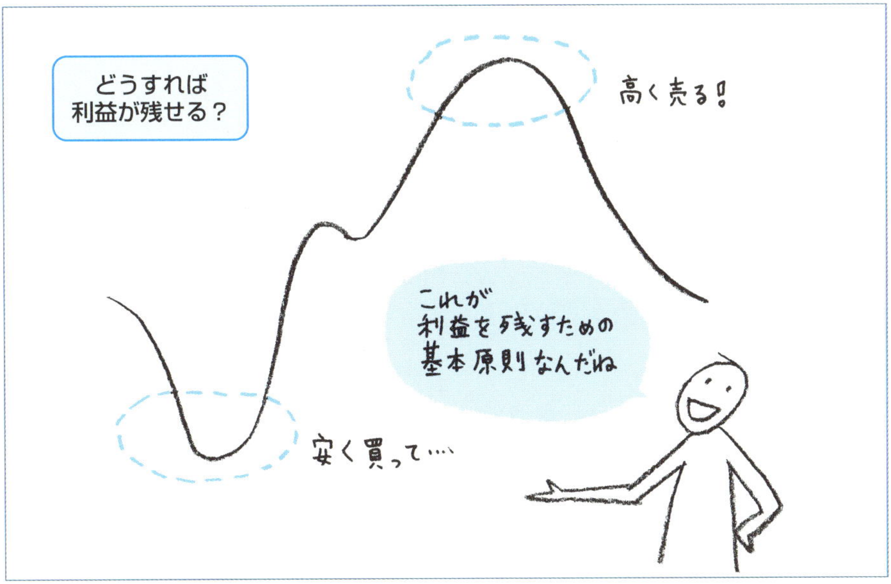

話ではありません。天井、底を見極めるのは非常に難しいことですから、低めのところで買って、高めのところで売るという趣旨だとご理解ください。

ポイント❷ 時間軸を明確にする

取引をする際に、自分なりの明確な時間軸を持つ。

これが２つ目のポイントです。

時間軸とは、値が動くと想定している期間のことです。

値が動くといっても、１時間後に上がると思っているのか、１カ月後に下がると思っているのか。それとも１年後、いやいやもっと先の５年後のことを想定しているのか……。

一言で「上がると思う」「下がるだろう」といっても、それがどれくらい先のことなのか、また、どの程度の期間についていっているのかによっ

図1-6 上がるのは1時間後？ 1週間後？

その予測は、どれくらい先のことなのか？

て、出てくる答えはまったく違ってくるでしょう。

自分なりに予想をするにせよ、人の考えを聞くにせよ、どの時間軸で考えるのかは、最初に考えておきたい大切なポイントなのです。

ポイント❸ 必ず損切りをする

次は「損切り」についてです。

損切りについては後ほど詳しくご説明しますが、簡単にいえば、値が上がると思って買ったのに反対に下がってしまったというときに、その時点でポジションを決済して損を確定させてしまうことです。

ちなみにポジションとは、売買状況を決済せずに維持している状態のこと。「買い」から入ったものを「買いポジション」、「売り」から入ったものを「売りポジション」と呼びます。また、ポジションを持っていない状

図1-7 損切りをする・しないで明暗が分かれる

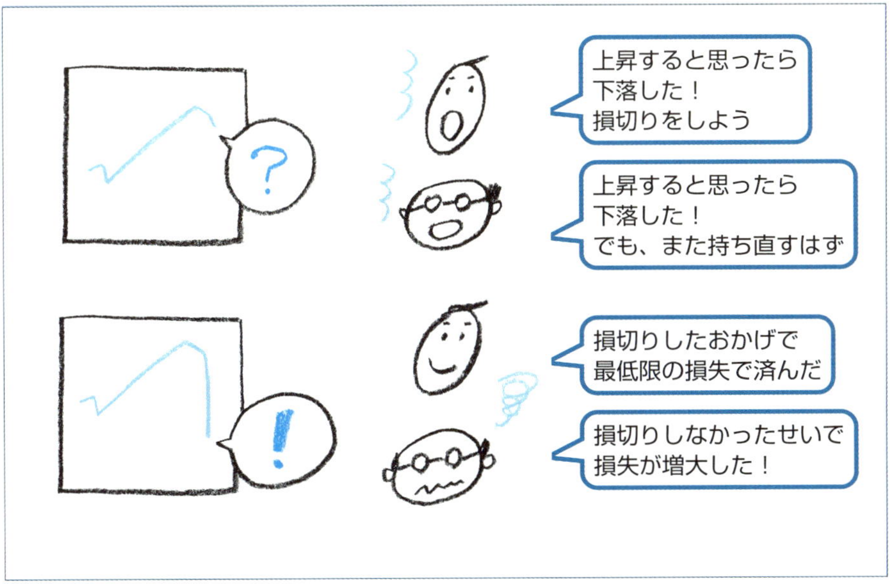

態を「スクエア」といいますので覚えておいてください。

「損切り」自体は「取引中」に行う行為ですが、非常に重要なことなので、ここでも事前の注意事項として簡単にふれておきましょう。

先に述べたように、トレードの目的は「利益を残す」ことです。

損切りは、利益を残すためには避けては通れない作業です。なぜなら、トレードをしていれば負けることが必ずあるからです。勝率100%という取引はありえません。だとすれば、いかに上手に損をするかを考える必要があるのです。

しかし、この「必ず負けることがある」という事実を認められない人がいます。特に取引を始めたばかりだと、この事実を受け入れることがなかなかできません。負けた事実を受け入れられず、最初の小さい損をそのままにしておくと、損失が巨額になって、ますます損切りができないということにもなりかねません。

ですから、「損切りは必ずするべきものだ」ということを、まずは肝に銘じておいてください。

ポイント❹ 事前準備を怠らない

トレードをするとき、最も力を注ぐべきなのは、どの段階でしょうか？

別の表現をしましょう。取引前、取引中、取引後のうち、最も集中して取り組むべきなのはどの時点でしょうか？

勘違いしている人が多いのですが、集中すべきなのは、決して取引中ではありません。正解は取引前、つまり事前準備なのです。

もちろん、なかには超短期の売買のように、取引中に集中しなければいけないケースもあるでしょう。しかし、その場合でも事前準備の重要性は変わりません。どんなトレードであれ、相場の方向性を事前に予測し、そのうえで始めなければいけないのです。

あらかじめ自分なりに分析をして、相場がこう動いたらこうしようという見通しをきちんと立てておきましょう。先々の方向性さえシミュレーシ

図1-8 トレード前に十分なシミュレーションを！

トレードを始める前には、十分な事前準備をしておきたい

ョンしておけば、後はそのシナリオにしたがってトレードをしていくだけです。

ところで、なぜ事前の準備が大切なのでしょうか？

それは、いったん取引を始めてしまうと、自分のお金を投資していることもあり、どうしても冷静でいられなくなってしまうからです。

相場の急激な値動きに動揺して、正しい判断ができないことはよくあります。そうした誤った判断をしないためにも、事前に取引の「方針」を決めておくことは、とても重要な作業なのです。

「チャート」とは
どういうものか？

為替取引の絶対的な基準

ところで、先に述べた「安く買って高く売る（高く売って安く買う）」を実践するためには、どのような手段があるでしょうか？

人に聞いてみる？

自分の感覚に頼る？

何となく安くなったと実感したときに買ってみる？

これらはどれもあいまいですし、基準がありませんよね。

取引をする際には、絶対的で確かな基準が必要です。

では、そのような指標となるものはないのでしょうか？

もちろん、あります。視覚的に相場の変動が確認でき、売買の明確な判断基準を与えてくれるもの。それがチャートです。

皆さんも、一度はこの言葉を聞いたことがあるでしょう。

では、「チャート」とは、どういうものなのでしょうか？

一言でいってしまえば、「相場の動き」をグラフ化したものになります。為替相場でも、株式相場でも、債券相場でも、相場の動きを表すグラフはチャートといわれています。

では、相場の動きをグラフ化することについて詳しくご説明したいのですが、その前にまず、相場の１日の動きを確認しておきましょう。

相場では、その日スタートしたときの値段を始値《はじめね》といいます。これは最初に取引が始まった値段ですから、途中で変わることはありません。

その後、相場は上下動を繰り返します。そして、その日のなかで最も高いところにつけた値段を高値《たかね》、最も安いところにつけた値段を安値《やすね》といいます。また、その日の取引が終わったときの値段を終値《おわりね》といいます。

これは基本中の基本ですので、必ず覚えておいてください。

始値は最初に決まりますから途中で変化しませんが、高値、安値、終値は常に流動的であり、どこで止まるかは、その日が終わってみなければわからないというところがポイントです。

高値、安値、終値がどこで止まるかはチャートを分析するうえで必要になることがありますので、注意して見てください。

では、グラフ化について話を進めましょう。

そもそも、なぜ相場の動きをグラフにするのでしょうか？

例えば、昨日のドル円は始値が107円98銭、高値が108円50銭、安値が107円37銭、終値が108円20銭。その前日は始値が107円10銭、高値が108円10銭……と書かれていても、1日のうちにどのような値動きをしたのかわかりませんし、昨日と今日がどのようにつながっているのかも理解できません。

図1-9 グラフの見方

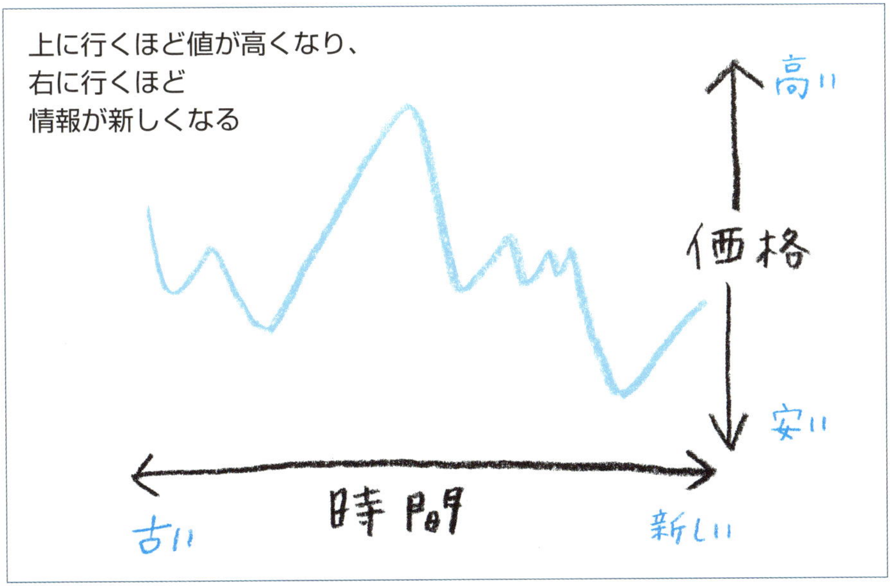

そこで、これらの数値をわかりやすく視覚化したものがつくられました。それが「チャート」なのです。

“グラフ”というからには、縦軸と横軸があります。

一般的に縦軸は価格を表します。ドル円であれば99円59銭、105円22銭などと表示するわけです。横の軸は時間を表し、右に行くほど新しい情報ということになります。

この「時間」と「価格」という概念は非常に重要です。株にはどれだけ取引されたのかを示す「出来高」というものがありますが、為替取引には、この考え方がありません。よって、この2つから何を読み取るか（読み取れるのか）が問われるのです。

チャートにもいろいろな種類がある

グラフに棒グラフや円グラフがあるように、チャートにも様々な種類があります。ここではラインチャート、バーチャート、ローソク足チャートの3つのチャートをご紹介します。

他にもフォレストチャートやドットチャート、カギ足チャートなど様々な種類がありますが、ここでは一般的であり、かつわかりやすい3つを取り上げます。

ラインチャートは、終値だけを結んでいくという、最もシンプルな形のチャートです。シンプルですので、大まかな動きがわかりやすく表示されます。ただし、高値や安値が表示されませんから、日中に大きく動いて戻したという場合、その動きが表示されないのが欠点です。

バーチャートは、その日の高値と安値を結んだ縦線に、始値（左側の横線）と終値（右側の横線）を表示させたもの。形としては、次にご紹介するローソク足チャートに似ています。ローソク足チャートと異なるところは、始値を表示しないケースがあること。もうひとつはバーチャート独自の特徴でもあるのですが、高値と安値が特に強調されやすくなっていることです。

図1-10 チャートの種類（ライン、バー、ローソク足）

ラインチャート

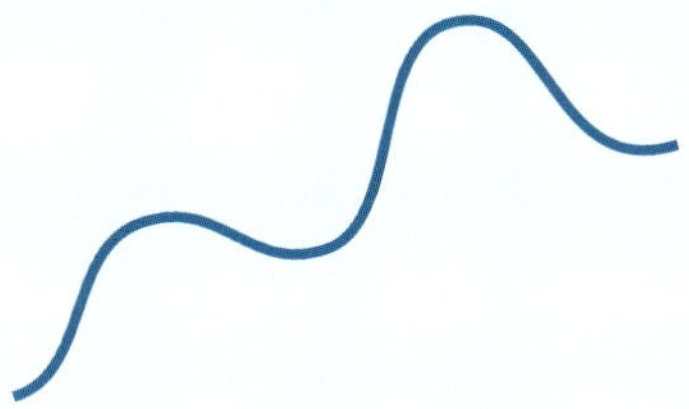

メリット

大まかな動きがわかりやすく表示される

デメリット

高値・安値が表示されない

バーチャート

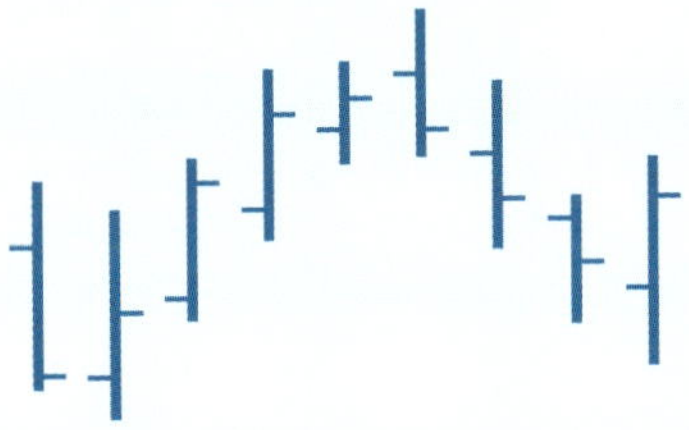

メリット

高値と安値が強調される

デメリット

その日の値が上昇したのか下落したのかがわかりにくい（始値を表示しない場合）

ローソク足チャート

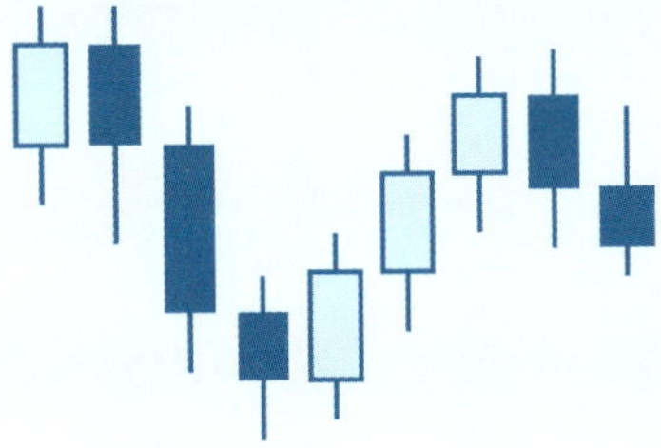

メリット

始値、高値、安値、終値が一目瞭然

デメリット

高値、安値が見づらい（ただし、バーチャートと比べた場合）

欠点としては、終値がわかりにくいということ。Chapter 2でご紹介するチャートパターンのなかには終値を利用するものがありますから、そうした意味では、不都合があるかもしれません。

またバーチャートは、その日の値が上昇したのか、下落したのかがわかりにくくなっています。始値を表示しないものに関しては、見ただけでは上昇か下落かがわかりません。もっとも、上昇や下落などの情報をあえて排除して相場分析をしたい場合には、バーチャートでも問題はないでしょう。

最後にご紹介するのがローソク足チャートです。もしかしたら皆さんにとって一番なじみがあるのは、このチャートではないでしょうか。

実際、ローソク足は日本で生まれたものであり、またその見やすさも手伝って、日本においては最も一般的なチャートとなっています。そのため本書では、今後「チャート」といった場合には、すべてこのローソク足チャートのことを指して、説明をすることにします。

では、ローソク足チャートはどのように見ればいいのでしょうか？

1日の上げ下げが明確なローソク足チャート

ローソク足は、先ほどご説明した「始値」「高値」「安値」「終値」をひと目見ただけで、わかるようにしたものです（→右図参照）。

1日の動きを1本で表したものを日足、60分間の動きを1本で表したものを60分足といいます。5分間であれば5分足、2時間であれば2時間足、1週間の動きを1本で表せば週足です。

ローソク足の色の違いは、値が上昇したのか下降したのかを表しています。ローソク本体に見立てられた四角の部分が白ければ上昇、塗りつぶされていれば下落を意味します。

そして、上昇しているものを陽線、下落しているものを陰線と呼びます。

図1-11 ローソク足の基本形

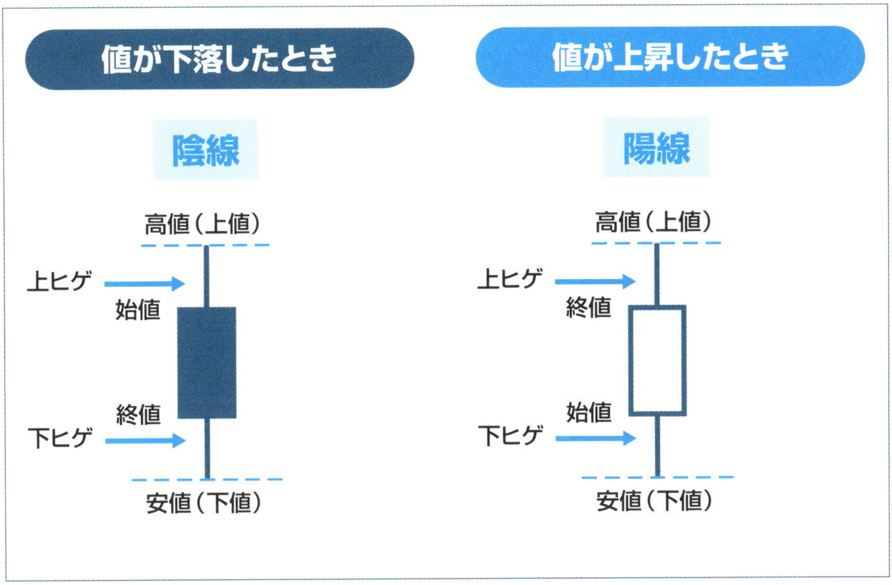

また、ローソク足の特徴として、高値をつけた後に下落すると、上昇したところまで線が引かれます。この線を上ヒゲといい、反対に安値をつけた後に上昇してできた線を下ヒゲといいます。

このローソク足を、相場の動きに沿って連続して描いたものが、ローソク足チャートです。

他のチャートとの違いは、上昇した場合と下落した場合で色分けがされること。これによって、その日の上げ下げが明確にわかるようになっています。

また、バーチャートと比べると、終値がはっきりとわかります。逆に高値、安値が見えにくいという意見もありますが、バーチャートに比べれば、という話であって、相場を分析するうえでは特に問題はありません。

株式相場の場合は、このローソク足１つひとつの形や、３～４日間の連続した動きが、相場の動きを予想するのに使われることがあります。

しかし、為替相場の場合は、基本的に24時間連続しているので、事情が多少異なります。為替相場の日足での終値と始値はニューヨーク市場のクローズ（締め）に合わせているだけであり、株式相場ほど、ローソク足の形は意識されません。

ただ、それでもなかには重要な形があります。それについては、後ほどご紹介することにしましょう。

為替相場の3つの動き

ローソク足でチャートを表す、ということはご理解いただけたでしょうか。では、次にチャート上の為替相場の具体的な動きについて見ていきましょう。

相場は、大まかに捉えれば3つ、より細かく見ると6つの動きに分けられます。

3つに分けた場合は、上昇トレンド、レンジ（もみ合い）、下落トレンドという分類になります。

「上昇トレンド」は、名前の通り上昇している相場です。反対に「下落トレンド」は下落している相場。どちらでもなく、一定の幅を行ったり来たりしている相場を「レンジ」といいます。大まかに見れば、相場というのは、この3つのどれかに当てはまります。今、相場がどういう状態なのかを意識しながら取引を行うことが大切です。

上昇トレンドと下落トレンドについて注意したいのは、これらは常に上昇し続けたり、下落し続けたりするわけではないということ。相場というのは多かれ少なかれ上下動するものです。そのことを詳しく見たものが6つの分類です。

6つの分類では、「上昇トレンド」「レンジ」「下落トレンド」のそれぞれに、値動きが緩やかな場合と荒い場合を考えます。

要するに、「緩やかな上昇トレンド」「値動きの荒い上昇トレンド」という上昇の動き。「緩やかなレンジ」「値動きの荒いレンジ」というレンジの動き。「緩やかな下落トレンド」「値動きの荒い下落トレンド」という下落の動きに分けられるのです。

図1-12 相場の値動き（3つの分類と6つの分類）

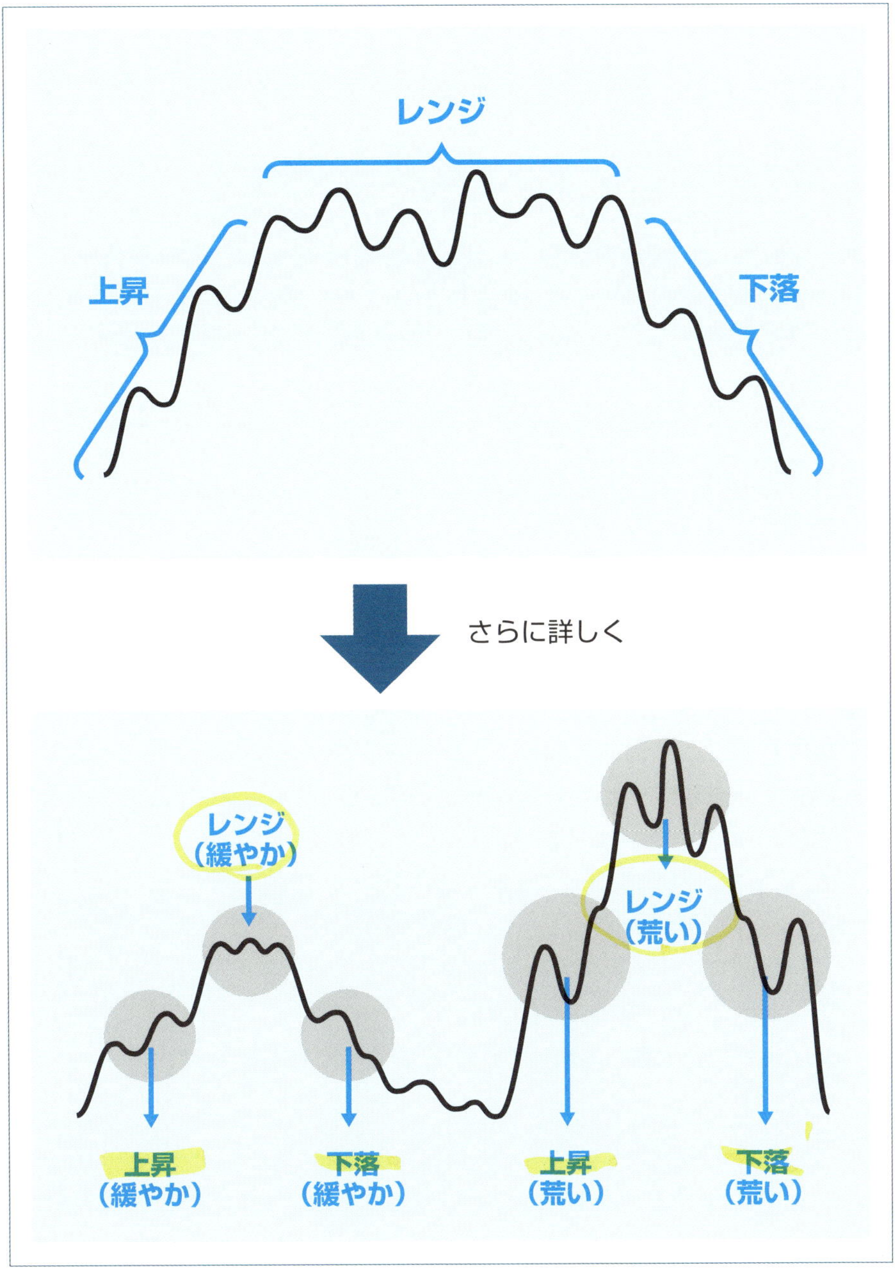

３つの分類で方向性がわかったら、次は６つの分類で値動きの幅がどうなっているのかを探ります。緩やかな動きであれば、ポジションをじっくり持つというスタンスでよいでしょう。しかし、荒い値動きであれば、早めに損切りや利食いを考えなければいけませんから、対応が異なってきます。つまり、上昇、下落、レンジという見通しが立っても、それが緩やかな動きなのか、荒い動きなのかで注意すべき点が異なってくるのです。

したがって、６つの分類で、値動きのスピードを意識することは非常に大切です。そしてこの６つの分類のうち利益のチャンスがより大きいのは、「緩やかな上昇トレンド」「値動きの荒い上昇トレンド」という上昇の動きと、「緩やかな下落トレンド」「値動きの荒い下落トレンド」という下落の動きです。

レンジ相場のように上下に行ったり来たりしていると、一見、収益のチャンスも多いように見えます。しかし、上下の動きがあまりに激しいと、方向性を見定めるのが難しく、上がると思って買ったところで下げてしまったり、下がると思って売ったところで上がってしまったりして、損をすることも多いのです（レンジ相場における取引「レンジディール」については後述）。

これに対して、値動きの幅に差があるものの、一方向に動くのがトレンド相場です。流れにうまく乗ることさえできれば、収益を上げることができます。

「トレンド相場の流れに乗って、利益を上げる」

これが、最も簡単で効率的な方法なのです。

「損切り」の考え方とトレードの種類

損切りは利益を残すために絶対必要！

チャートとは何かが理解できたら、次は実際にトレードを行う際に注意したいポイントです。

具体的なことはChapter 3を参照していただくとして、ここではもう一度、「損切り」についてふれたいと思います。

自分が持っているポジションと違う方向に相場が動いてしまったときに、その時点で損が出ているポジションを決済する（手仕舞う）こと。

これが損切りです。

例えばチャートを見て、これから相場が上がると考えてドルを買ったとしましょう。しかし、予想に反して相場が下がって含み損が出てしまいました。このとき、もう上がりそうにないと思えば、その時点でポジションを決済します。“損”しているポジションを“切”っておしまいにするから損切りですね。

この損切りの重要性は、今やいろいろな場で言われるようになりましたが、それでもなかなかできないという人がいます。

次ページの図を見てください。これは豪《オージー》ドル円の2007年2月下旬から8月上旬までの日足です。

途中までは見事に上昇し続けています。こういう相場を見て、多くの人が「まだまだ上がるから安心だ」「為替相場は簡単だ」と勘違いしてしまいます。いわゆる慢心です。

ところが、上昇が始まってからしばらくすると、大暴落が起きます。安心しきっていた人たちが損切りを忘れたため、この大暴落で大きな損をして苦しい目に遭いました。こういう経験をすると、「為替取引は怖い」

図1-13 豪ドル円の大暴落

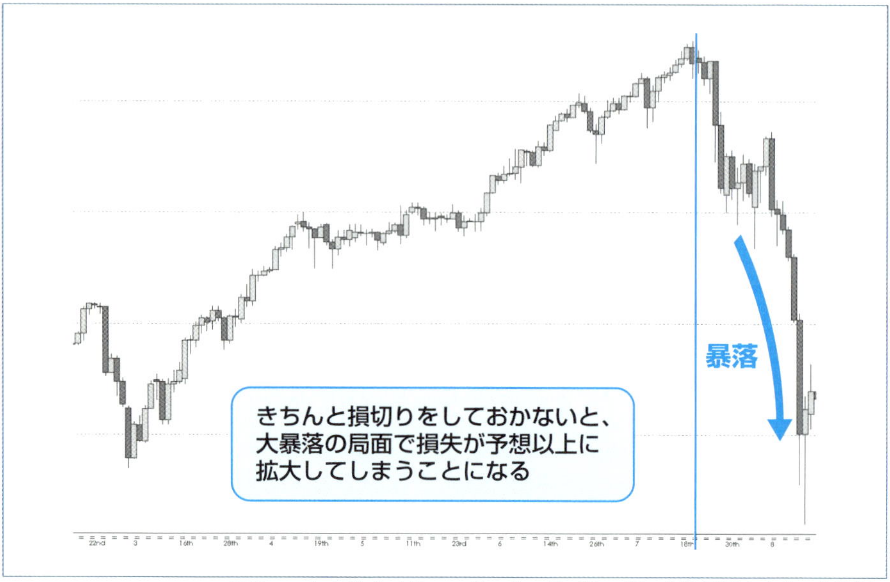
暴落
きちんと損切りをしておかないと、
大暴落の局面で損失が予想以上に
拡大してしまうことになる

※チャート：Global Forex Trading社「DealBookR 360」より。以下同。

「FXは危ない」という人が出てきます。

しかし、そうではないのです。

相場の上昇はいつか終わるのだと警戒しながら、値動きが予測とは逆の方向に進んだら、迷わず損切りをする。これができれば、先の豪ドル円の取引でも、前半の上昇相場では利益を出し、８月の暴落でも損を限定することができたはずなのです。

それどころか、うまくいけば、逆に「売りポジション」で利益を上げることだって可能だったかもしれません。チャートを詳細に分析していると、そうした取引のタイミングをつかむことも可能になります。

損切りは前向きに考えよう

損切りは、決して損失を泣く泣く確定するというネガティブなものではありません。その時点で気持ちを入れ替え、体勢を立て直す作業なのです。

考えてみれば、損をしているポジションを、「いつか持ち直すはずだ」といつまでも維持しているほうが、よほどネガティブで不健康でしょう。

確かに、含み損だった損が、損切りによってはっきり確定すると、辛い気持ちになります。それ自体はよくわかります。

しかし、そこは「損が確定してポジションがすっきりしたのだから、次のチャンスが狙えるんだ！」というポジティブな思いで損切りをしてもらいたいと思います。

「次のチャンスのために、損切りをする」

この考え方を絶対に忘れないでください。

保有期間によって異なる3つの取引

最後に、トレードの「期間」についてご説明しましょう。

トレードの期間を設定しておくことは、有効な損切りをするうえで、非常に重要です。

為替相場の世界では、ポジションを保有する期間の長さによって、取引に名前がつけられています。最も短いのがデイトレード。これは1日でポジションを閉じるもので、次の日まで取引を持ち越しません。また、1日のうちに数回、多い場合は数十回売買を繰り返すものです。

これに対して、数日から数週間（場合によっては1カ月以上）ポジションを持つトレードをスイングトレードといいます。

さらに、数カ月から数年、あるいは数十年単位でポジションを持つ長期投資というものもあります。

ただし、後の2つは、厳密に×日であればスイングトレード、×週間であれば長期投資と決められているわけではありません。ですから、自分がイメージしていた期間とのズレを感じることがあるかもしれません。期間については、あくまでも目安だと考えてください。

取り組みやすいスイングトレード

繰り返しになりますが、トレードの期間をはっきり設定しておくことは、非常に重要です。期間を決めておかないと、前述の豪ドル円の暴落のような事態が起きたときに、「いずれ戻ってくるだろう」と目をつぶったまま、大きくなったマイナスのポジションを何年も持ち続ける……ということにもなりかねないからです。

ちなみに私は、本書の解説では、短いときは２～３日、長くても１～２カ月程度のスイングトレードを想定しています。

これには理由があります。日足チャートを見ていただくとわかると思いますが、為替相場に現れるトレンド（傾向）の期間は、長く続いても１～２カ月程度になることがほとんどです。また、一般的に仕事をしながら空いた時間でトレードをするという方には、スイングトレードが最も取り組みやすい取引形態でしょう。そこで本書では、スイングトレードの方法を中心にご紹介することにしました。

ただ、ひとつ付け加えておきますと、基本的には１カ月前後のトレンドが出る為替相場ですが、なかには先の豪ドル円の例のように、もっと長めにトレンドが出ることがあります。

相場が当初の予測通りに長期間動いていて、利益がより拡大できるような場合は、ポジションの保有期間を延ばしてもいいと思います。利益が出ているポジションは閉じてしまわずに、極力利益を増やすようにしましょう。

なお、スイングトレードの場合を想定していると書きましたが、次のChapterでご紹介するチャートパターンやチャートの分析手法は、デイトレードや長期投資でも有効です。

昼間は仕事があるので夜間しか市場をチェックできない、専業トレーダーで長時間パソコンの前にいられる、長期的なスパンで取引をしたいなど、人によって取引形態は異なるでしょうが、それぞれの立場でこれからご紹介するテクニックを活用してみてください。

Chapter 2

チャートパターンを理解しよう

チャートから何が読みとれるの？

チャートには人の心理・行動が現れる

ここからは、いよいよチャートの見方について解説していきます。

ところで前章では、「チャートとは相場の動きをグラフ化したものだ」と書きました。では、チャートというのはただのグラフなのでしょうか？

私はそうは思っていません。チャートには、**人の心理・行動**と**実体経済の動向**が現れると考えています。

ちょっと難しい話のように思われるかもしれません。しかし、順を追って説明していけば、決して複雑な話ではありませんので、納得していただけると思います。

まず、「人の心理・行動」について。

「心理」や「行動」とは、言うなれば、人間の営みそのものです。なぜ、それが単に相場の動きを示した「チャート」に現れるのでしょうか？

それは、チャートを見ているのが、そして売買をしているのが、紛れもなく生きている「人間」だからです。

トレードをする人たちは、１人ひとりがチャートを見ながら「ここで買おう」「ここで売ろう」「ここはちょっと待ったほうが良さそうだ」などと、あれこれ考えるわけです。そして、その考えが実際の行動となり、行動の結果がチャートに影響を与えていきます。

つまりチャートは、**人間が考え、動いた結果の積み重ね**なのです。そこには、人の意思や行動が値動きという形で入り込んでいます。ですから、チャートには「人の心理・行動」が如実に現れている、といえるのです。

心理学の分野では、人間は特定の条件のもとで似たような行動パターンをとることがわかっています。チャートが人の心理を反映するものである以上、そこにも一定のパターンが見られます。これが典型的なチャートパターンにつながっていくのです。

チャートを見れば実体経済がわかる

次に「実体経済の動向」についてです。

そもそも“実体経済”とは何でしょうか？

皆さんは、日々の生活のなかで、景気が悪くなった・良くなったということを感覚的に感じると思います。非常に簡単にいえば、このように現実生活のなかで感じる景気の良し悪しのことを、実体経済といいます。

ただ、この良し悪しの実感は、あくまでも個人的な感覚にすぎません。ですから、人によって、ばらつきが生じてしまいます。

そこで、経済状況を誰もが同じように把握できるように、国や民間機関が様々な統計をとり、共通の基準を発表しています。この基準が「経済指標」と呼ばれるものです。

代表的なものに、その国でどれだけ材やサービスが生産されたかを示すGDPや、雇用の状態などを示す失業率、物価の変化を示す消費者物価指数などが挙げられます。こうした経済指標を見れば、実体経済の動向を正しくつかむことができるのです。

また、実体経済の動向は「金利」からも見ることができます。

「金利」と聞いて皆さんが連想するのは、預金などの際に発生する“利息”ではないでしょうか。ここでいう金利とは、各国の中央銀行が決定する政策金利のことです。

中央銀行は「私たちの国は金利を××％にしますよ」と宣言しますが、それだけで金利が変わるわけではありません。宣言した数字になるように、中央銀行は金融市場を利用して金利を調整していくのです。

景気が良くなれば、経済を引き締めるために金利を上げ、景気が悪くなれば、経済活動がより円滑になるように金利を下げる……。

本書の本筋とは離れるので、金利の詳しい説明は省略しますが、金利は、

図2-1 金利と相場の値動きとの関係

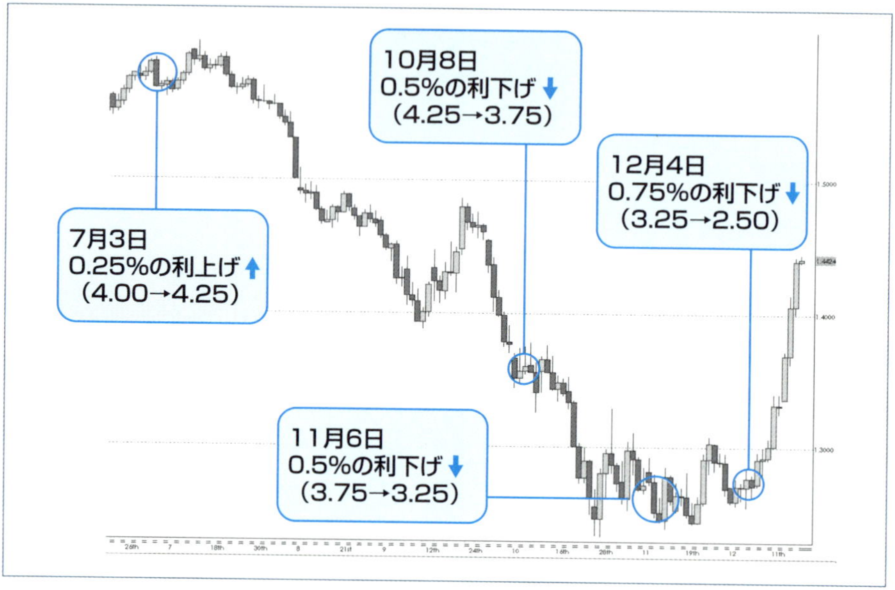

このように経済の動向を敏感に反映します。したがって、金利を見ることは実体経済を見ることだといっても過言ではないのです。

もちろんチャートには、直接、「金利が上がった」「経済指標が悪かった」ということは書かれていません。しかし、詳しく検証してみると、金利が上がりそうなときには為替が徐々に上昇していたり、発表された経済指標が悪いと為替が下落していたりと、それぞれに関連性が見られるのです。

ひとつ、例を挙げましょう。上の図は、ユーロドルのチャートにユーロの金融政策を指揮しているECB（欧州中央銀行）が金融政策を変更したタイミングを記したものです。これを見ると、利上げや利下げと相場の値動きが連動しているのが見て取れます。

図について少し解説しましょう。7月3日に利上げが行われてしばらくすると、経済が停滞してきたのでそろそろ利下げが行われるのではないかということが、為替相場で話題になりました。すると、ユーロドルが下落していったのです。そのまま継続的に下げたわけですが、12月4日に利下げをした後は、そろそろ利下げが休止されそうだということで、ユーロが大きく買われたのです。

このように、チャートには実体経済の動向が強く反映されるのです。

チャートの裏側にいる「人」を意識しよう

チャートと「人の心理・行動」「実体経済の動向」との関係については、おわかりいただけたでしょうか？

本書は、チャートを読み解く力を徹底して身につけるというコンセプトのため、あえて実体経済を表す指標（ファンダメンタルズ）は無視し、「人の心理・行動」面のみを考えて解説をしていきます。

なかには、実体経済の動向を把握したほうが理解しやすいケースもあるかもしれません。ただ、あえて除外することで、皆さんにチャート分析力を強化していただきたいのです。ですから、今後チャートを見るときには、チャートの裏側にある「人の心理・行動」を強く意識してみてください。

「なぜ、ここで値が押し戻されたのか？」

「なぜ、ここで値が急に上がった（下がった）のか？」

「なぜ、ここではもみ合って、ここではもみ合いにならなかったのか？」

このように考えながらチャートを見てみましょう。

はじめのうちは理解できないことがあるかもしれません。しかし、じっくりと向き合い、自分なりに仮説を立てて考えていくことで、その動きが感覚として理解できるようになります。

チャートパターンを理解する①

～パターンが有効な理由と3つの補助線～

チャートパターンを見つけよう

チャートに2つの要素が反映されることは、ご理解いただけたと思います。ただ、それが理解できたからといって、ひたすらチャートを眺めていても、何をどうしていいのかよくわからないでしょう。

チャートをもとに利益を上げるためには、ベースとなる見方を知ることが重要です。そこで覚えてもらいたいのがチャートパターンです。

チャートを見ていると、動き方に微妙な違いはあっても、何となく似たような形になることがあります。これは、為替相場のみならず、株式相場や債券相場、原油などの商品相場でも同じこと。チャートが描かれるような相場では、必ず見られる現象なのです。

特に頻繁に出てくるパターンには、過去に相場を見てきた人たちによって、名前がつけられています。この名前と形を覚えておけば、相場の先を読む一助になるでしょう。

では、なぜ同じような形が何度も現れるのでしょうか？

実はこれも「人の心理・行動」で説明することができます。

相場には、いつもいろいろな人が参加しています。素人もいれば、プロもいる。日本人もいれば、外国人もいる。女性もいれば、男性もいる。為替取引の場合には、投資目的で売買している人もいれば、外貨が実際に必要だから両替のために取引をしている人もいます。

重要なのは、この「多種多様な人が参加している」という事実が、常に変わらないということ。

今、取引に参加している人たちは、10年前に参加していた人たちとは確

図2-2 相場は常に流動的である

いつも同じメンバーでないからこそ、チャートパターンが有効になる

実に違います。もちろん、10年前に取引を始め、現在も続けているという人はいるでしょう。しかし、その陰で、取引を始めたものの、うまくいかなくてやめてしまったという人もいます。一方で、為替取引に興味を持ち、新しく取引を始めた人もいるでしょう。

このように相場は絶えず流動的で、人が出たり入ったりの繰り返しなのです。ですから、多種多様な人が取引に参加しているという事実は、常に変わりません。

もし、市場参加者がいつも同じ顔ぶれだとしたら、どうでしょう？

人間は学習しますから、以前失敗したケースと同じ状況に直面すれば、おのずと前回とは異なる選択をするでしょう。これはつまり、チャートに似たようなパターンが現れにくいということです。

しかし、常に様々な人がトレードに参加していれば、集団心理の法則にしたがって、チャートの動きに同じような傾向が見られることになります。これが、チャートパターンが有効な理由なのです。

では、以上の話を前提に、私自身が特に注目しているチャートパターン、相場の動きを解説していきましょう。

チャートを読み解く3つの「補助線」

チャートを見るとき、そのままの状態で検討することも有効ですが、「線」を引いてみることで、相場の動きが明確になることがあります。

中学の数学で学んだ、図形の証明問題を覚えていますか？　補助線を引くと、アッという間に解ける問題がありましたよね。

補助線を引くべき場所を見つけるには、もちろんひらめきも必要でしょう。しかし、回数をこなすことで、「ここに引けばいいのかな？」というコツが体得できたのではないでしょうか。

チャートに線を引くときも、同じ要領です。最初はよくわからなくても、繰り返し練習をしていくうちに、どこに引いたらいいのか、どの線が重要なのかが何となくわかるようになってきます。そうなるためには、線の引き方を頭で意識しながら、とにかく数多くのチャートを読み込むことです。

では、その「補助線」とはどんなものなのでしょうか？

線には、次の3つの種類があります。

- レジスタンスライン
- サポートライン
- トレンドライン

それぞれ順にご説明しましょう。

レジスタンスラインとサポートライン

レジスタンスライン、サポートラインは、いずれもチャートのローソク足に接するように引かれる水平の直線です。

相場のそれ以上の上昇を抑制し、「抵抗」するように引かれる線がレジスタンスライン、反対にチャートが下落しようとするのを「下支え」するように引かれたのがサポートラインです。

どこに引くかについて、特別な決まりはありません。80円や100円など切りのいい数字で引いたり、2つ以上の山（谷）に接するように引くのが一般的です。また、特に目立っている高値・安値は1カ所だけでもラインとして意識されることがありますから、注意してください。

このレジスタンスライン、サポートライン付近では、相場が押し戻されることが多くなります。

例えば、チャートがジリジリとレジスタンスライン付近まで上昇してきたとしましょう。この場合、順調に上昇してきたとしても、結局ラインを抜けられずにまた下落していくことが多いのです。

サポートラインの場合も同様です。チャートが下落してラインに近づい

図2-3 レジスタンスラインとサポートライン

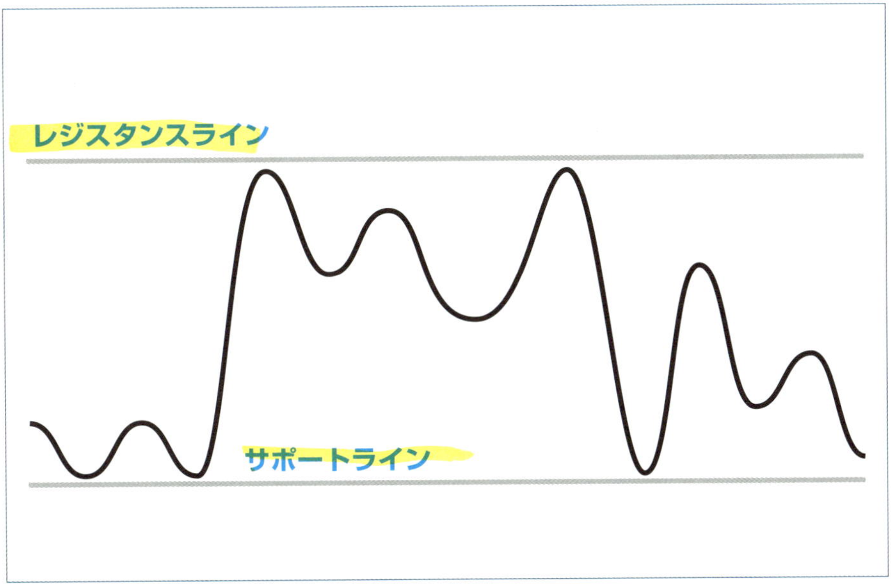

ても、反転してまた上昇していくというパターンがよく見られます。

つまり、これらのラインを引くことができれば、上昇・下落について、ある程度の見通しを立てられるわけです。

ただし、ラインはどれも同じ強さ（重要度）であるとは限りません。例えばドル円の「100円ちょうど」は、サポートライン、レジスタンスラインとして頻繁に意識されます。

なぜでしょうか？

ラインは、人々に注目されることによって、より重要度を増していくという性質があります（→50ページ）。何度もチャートが跳ね返されるポイントが生まれると、その地点はますますサポートライン、レジスタンスラインとして意識されやすくなり、堅く、重要になっていくのです。

ドル円の場合、「100円00銭」というキリのいい数字や、過去に頻繁にラインとして意識された108円などは認識しやすいので、"節目"として多くの参加者に意識されるようになり、結果的に強いラインになっていくのです。

なお、チャートがレジスタンスラインやサポートラインを抜けた（突破した）ときは、そこから相場が大きく動き出すことがありますから、その後の値動きの注目度は非常に高くなります。このラインを抜ける動きを、**ブレイク（ブレイクアウト）**といいますから覚えておいてください。

また、レジスタンスラインやサポートラインは、それぞれ役割が「固定」されているわけではありません。

例えば、相場が動いてレジスタンスラインの上に抜けると、レジスタンスラインはチャートの下に存在することになります。そのとき、このレジスタンスラインは、今度はサポートラインに変わると考えられるのです。

反対に、相場が下落して、サポートラインをチャートが下方に突き抜けたときは、サポートラインはチャートより上に存在することになるので、レジスタンスラインに変わるのです（右図参照）。

ちなみに、ラインに挟まれた相場のトレードとして、**レンジディール**というものがあります。

相場には、レジスタンスラインとサポートラインに阻まれて、ある一定

図2-4 相場がラインを抜けた瞬間、役割が変わる

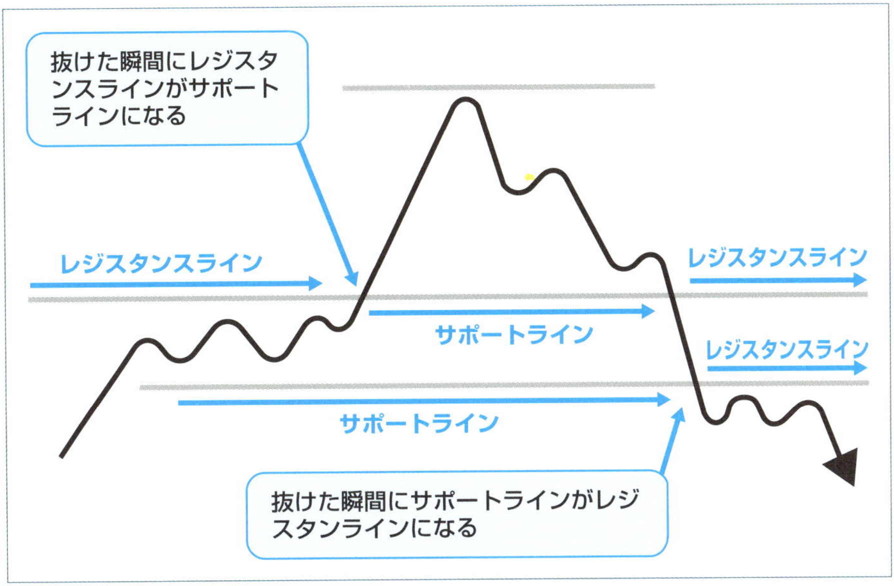
抜けた瞬間にレジスタンスラインがサポートラインになる
レジスタンスライン
サポートライン
レジスタンスライン
レジスタンスライン
サポートライン
抜けた瞬間にサポートラインがレジスタンスラインになる

の値幅で右往左往する動きがあります。この動きを利用して、上側に来たときに売り、下側に来たときに買うという売買を繰り返すのが「レンジディール」です。サポートライン、レジスタンスラインがはっきりしていれば、レンジディールは有効なトレードになるでしょう。ツボにはまれば大きな利益が出ることもあります。

トレンドライン

次にトレンドラインです。これは、チャートの値動きに沿うように、「節目」に接しながら斜めに引かれる直線のこと。

「節目」は、ローソク足の終値、高値、安値が使われることが一般的です（始値はあまり使われません）。

接点は、多ければ多いほど信頼度が高くなりますから、3カ所以上設定するといいでしょう。2カ所の場合もありますが、信頼度は低くなります。

図2-5 上昇のトレンドライン

このトレンドラインの利用方法は、基本的に、先ほどのレジスタンスライン、サポートラインと同じです。トレンドラインはレジスタンスライン、サポートラインと同様、値動きを抑えたり支えたりする働きがあるのです。

例えば、相場が上昇していくなかで、安値を結んだトレンドラインが引ければ、値の上昇が継続する間は相場がラインより下がらないと見て、ラインの近辺まで下がったときに買う*という戦略を立てることができます。

そして、このトレンドラインを下にブレイクしてしまったら、上昇トレンドは終わりと見て損切りをするか、ポジションを閉じる。もしくは、そこから下落トレンドが始まると見て、売りに転じてもいいでしょう。

ちなみに、このように保有しているポジションを閉じて、そのまま反対のポジションを持つことをドテンといいます。

反対に下落トレンドが続いている間は、右下に下がっていくトレンドラインが引けることになります。そのトレンドラインを相場が上に抜けるまでは、下落トレンドは継続していると考えることができます。

図2-6 トレンドラインをブレイクしたときの対応

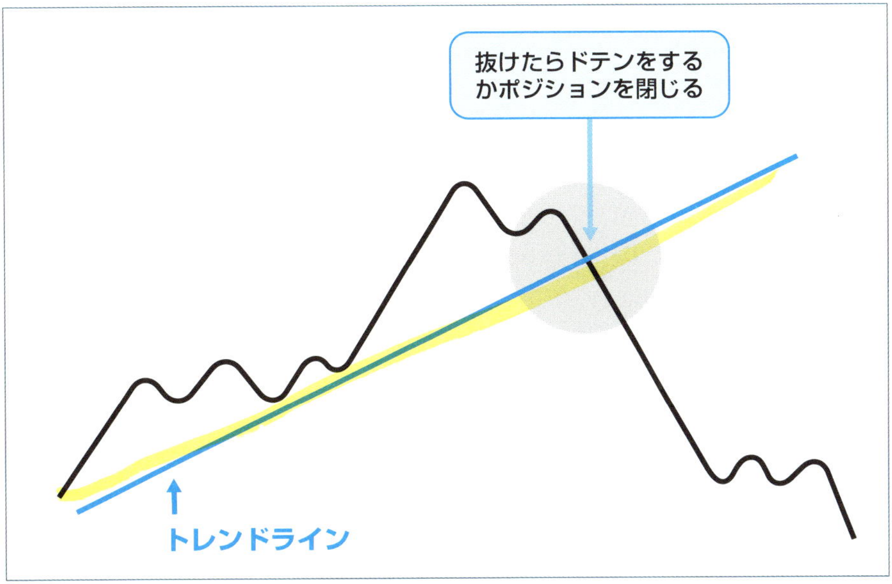
抜けたらドテンをする
かポジションを閉じる
トレンドライン

この場合は、相場がトレンドラインの上限まできたら売る、あるいは上限を抜けたらドテンをしたり、ポジションを閉じたりするという判断ができるでしょう。

＊下げたタイミングで買うことを「押し目買い」、反対に、上げたタイミングで売ることを「戻り売り」といいます。

ブレイクアウトは“新しい値動き”の始まり

取引をするうえで、ブレイクアウトの動きに注目することは大変重要です。その理由を、取引に参加している人たちの心理や行動から考えてみましょう。

参加者は「これ以上は下がらないだろう」もしくは「上がるとしてもこの辺りまでだろう」という、自分なりの思いを抱いて相場に参加しています。そうしたなかで、ラインが引けるような形に相場が動くことがあります。

すると、ラインの存在が徐々に注目され始め、売買の基準にしようとする人が多くなります。その結果、取引に参加している人たちの投資活動がチャートに影響を与え、ラインがさらに明確になり一層注目される……という循環に入っていくのです。

では、多くの人に認識されるようなラインが引かれたとして、それに基づいて売買が進むとどうなるでしょうか？

例えば、明確な上昇トレンド（下落トレンド）のラインが引かれた場合、参加者は、相場がラインに沿って順調に上がっていく（下がっていく）と考えるでしょう。そして、ラインを抜けたら新規にポジションを持とう、損切りをしようと考え、注文が少しずつ増えていくことになります。

ここでブレイクアウトが起きれば、注文が一斉に動き出します。そして一度相場が動き出すと、さらに多くの参加者たちが注文を出すことよって、相場の動きに拍車がかかっていくのです。つまり、ブレイクアウトは、今までの相場とは違う新しい値動きが始まるきっかけになりやすいと言える

図2-7 ブレイクアウトした後の急激な値動き

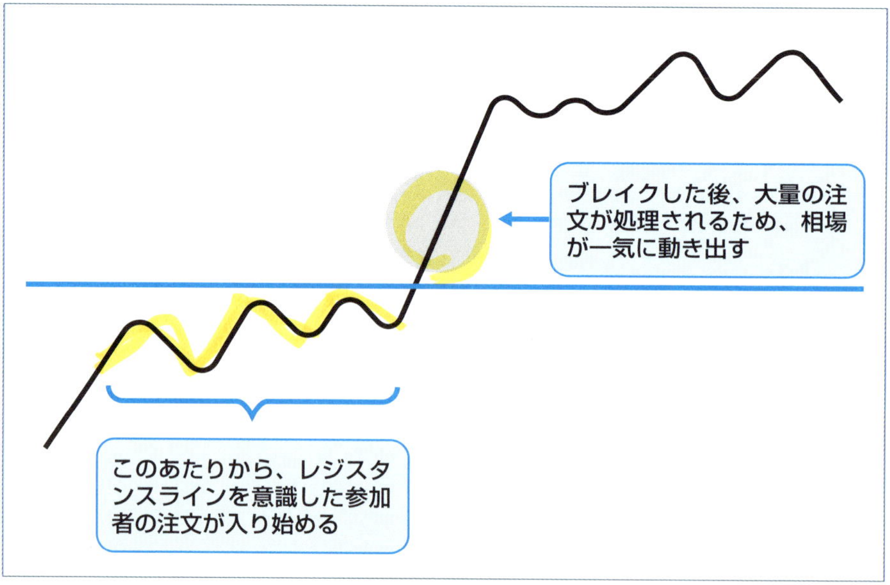
ブレイクした後、大量の注文が処理されるため、相場が一気に動き出す
このあたりから、レジスタンスラインを意識した参加者の注文が入り始める

でしょう。これがブレイクアウトが重要だという理由です。

トレードをするときには、ブレイクアウトの動きをよく観察するようにしてください。

チャートパターンを理解する②

～その他の重要なチャートパターン～

ペナント

レジスタンスライン、サポートライン、トレンドラインの次は、その他の重要なパターンをいくつかご紹介しましょう。

まずはペナントです。ペナントとは細長い三角旗のことで、チャートに同じような形が現れることから、この名がついています。

前述のレジスタンスライン、サポートライン、トレンドラインの複合型

図2-8 徐々に先細っていく“ペナント”

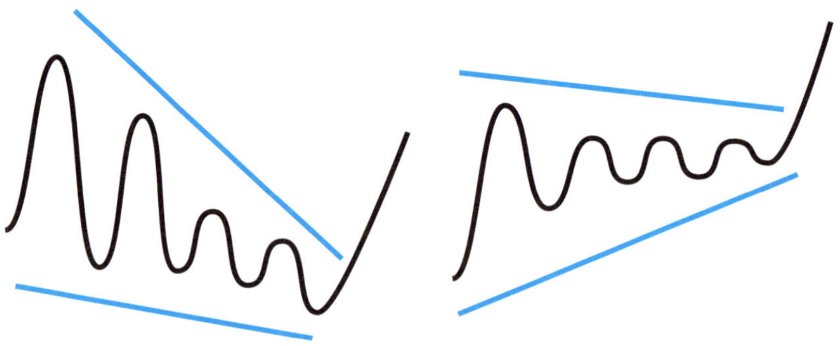

値動きが定まらないなかで、売買が短期のものに移行。参加者は相場がラインを抜けるのを注視するようになる

のようなものだと考えてください。

ペナントは、チャートが変動する幅が段々と狭くなっていく動きを指します。あえて複合型と表現したのは、必ずしも図のように、前の日と比べて高値が下がっていく（切り下がっていく）、もしくは安値が上がっていく（切り上がっていく）とは限らないからです。

高値は切り下がるけれど、安値はサポートラインに支えられている、逆に高値はレジスタンスラインに支えられているけれど、安値は徐々に切り上がっている……という動きをすることもあります。

ただ、どのパターンであっても、参加者の心理は同じです。何となく値動きの方向が定まらないなかで相場が進んでいき、参加者はそのラインに沿って売買を続けています。その結果、どんどん値幅が狭くなっていき、買うべきなのか、売るべきなのかがわからなくなる。

こうなると、参加者は短期の売買に移行していきます。その結果、レンジがますます狭くなっていき、相場が上下どちらかのラインを抜ける瞬間を、皆が注目することになります。

もし、この状態で何かがきっかけになり、相場が一方向にラインを抜けていったら、どうなるでしょうか。

参加者は、流れが生まれたことで「それいけ！」と言わんばかりに、一方向に大きく動いていくことになるでしょう。

「ペナント」は非常にわかりやすい形で、日足はもちろん、1時間足など短い時間足でも確認できます。ぜひ覚えておいてください。

ソーサーボトム

ラインをはっきりと引くことはできないものの、有効なチャートパターンとされているものにソーサーボトムというものがあります。

これも名前を考えてみると、形がイメージできるでしょう。ソーサーは受け皿、ボトムは底という意味ですから、相場が下方に位置する動きです。

この形は相場が大きく下げた後に、底の部分で小さくもみ合い、その後

図2-9 大きく下げてもみ合う“ソーサーボトム”

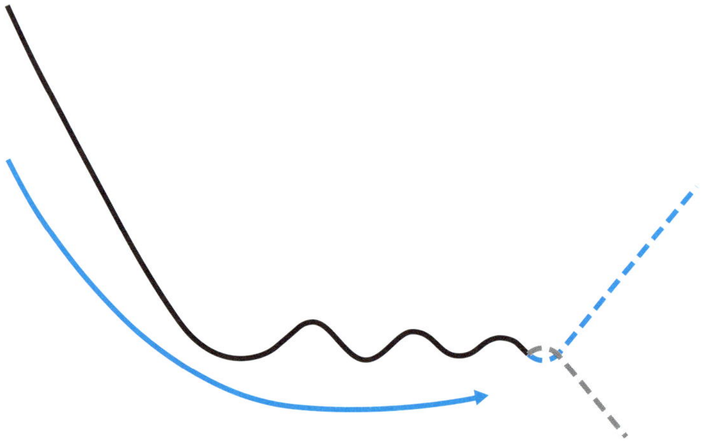

ソーサーボトムはもみ合った後、一方向に動き出す。ただし、必ずしも上昇するとは限らない

一気に動き出す形です。

参加者の心理としては、下落した後、いったん下げ止まったことで迷いが生じます。「次はどうしようか……」と多くの参加者が悩んだ末に、一方向に力が爆発した、という動きです。

この「一方向に」というのが重要です。本来、ソーサーボトムは、底でもみ合ってから上昇に転じる動きを指します。しかし、必ず上昇すると決め付けるべきではありません。下に動くこともあるのです。ですから、もみ合った末に「一方向」に大きく動きやすいと考えていたほうが、相場の動きを捉えやすいでしょう。

結局、参加者としてはもみ合った後で方向がはっきりしたわけですから、「そっちでいいのか！」と安心するのです。どちらにポジションを取ればいいのかが明確になったわけですから、注文が一気に入り、相場が動き出すことになります。

なお、高値圏で同じような形が出たときも、やはりこのチャートパターンは有効です（ソーサートップという）。Chapter 1 で説明したように、売りも買いも実質的には同じことですから、ソーサーボトムと同様の動きが見られるというわけです。

ダブルボトム

ソーサーボトムに似たチャートパターンとして、ダブルボトムがあります。これは、名前の通り「底（ボトム）」が2回現れるもので、チャートが“W”のような形になります。

相場が下落していくと、次第に下げる勢いがなくなり、やがて上昇に転じます。これが1回目の底です。その後、そのまま上昇するのかと思いきや、勢いがなくなって再び下落していきます。やがて1回目の底の近くまで下落した後、また上昇していくのです。

図2-10 ダブルボトムのカギは“底”の高低差

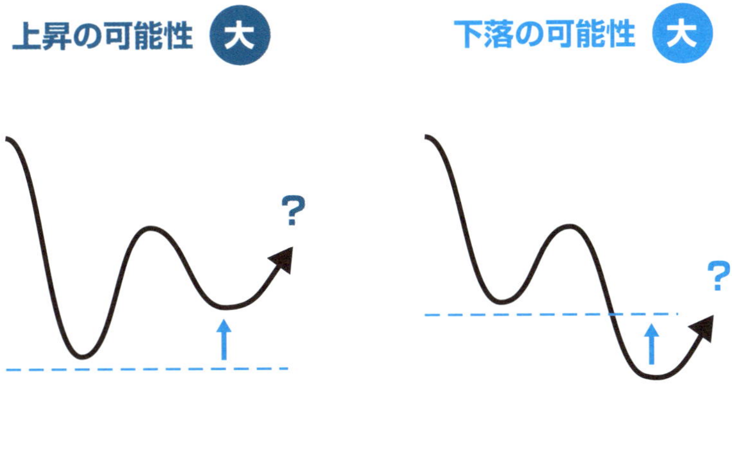

2回目の底が1回目の底より高い位置にあれば上昇の確率が高い。
逆に1回目の底より低ければ下がる確率が高くなる

ダブルボトムが現れると、トレードに参加している人たちは「2回も底をつけたのに、また上昇しようとしている。これはこのまま上昇するに違いない！」と思うのです。

ただし、2回目の底の後に必ず上昇するとは限りません。そのまま下落していくパターンもあるのです。

では、2回目の底の後、上昇するのか下落するのかは、どう見極めればいいのでしょうか？

目安となるのは、2つの底の「高低差」です。上昇する確率がより高いダブルボトムは、2回目の底のほうが1回目の底より少し高い位置にあるのです。これは2回目の底をつくりに行ったとき、1回目の底よりも下に行けなかったということ。すなわち、それだけ下が堅くなっている、と判断できるのです。

反対に、2回目の底が1回目の底より低い位置にできた場合は、下がる可能性があります。

なお、天井でダブルボトムを逆にしたような形が見られることがあります（ダブルトップ）。この場合もダブルボトムと同様の動きをしますので、その後の動きに注意してください。

高値の切り下がり

「ソーサーボトム」と同様、明確にラインが引かれるわけではありませんが、高値圏での高値の切り下がりも、私が注目している値動きのひとつです。

これは、日足で見たときに、前日のローソク足の高値を翌日の高値が超えられないという動きが数日続くことです。日足を見ればわかりますが、確認するときには、おもに60分足など時間足を利用してみてください。もし、高値が段々と下がっていることが確認できれば、それは高値の切り下がりです。

なぜ、このような現象が起きるのでしょうか？

図2-11 ジリジリと下落する“高値の切り下がり”

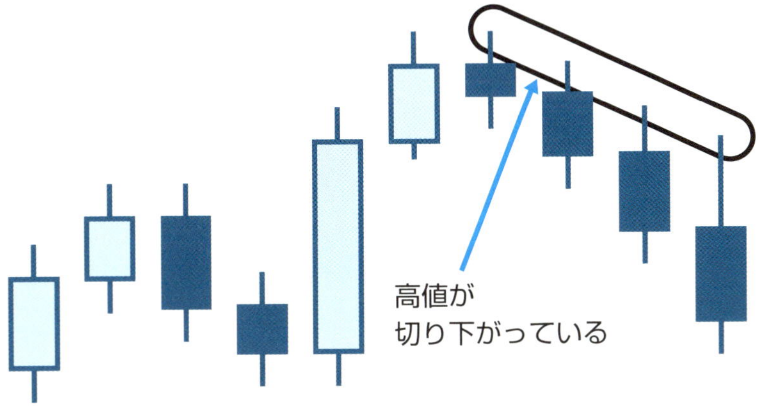
高値が
切り下がっている

下落するのは「買い」の意欲が徐々に低下するから。「売り」の力が大きくなると一気に下落する

背景は、とても単純です。今までは積極的に買う人がいたので上昇していたのに、徐々に意欲が低下して買いの勢いがなくなったということを示しているのです。

買いの意欲が完全に切れてしまったとき、何が起きるのでしょうか？

もともと高値にあったわけですから、反対に売ろうとする力が働きます。新規に売る人もいれば、今まで買っていた人まで「下がるのであれば売ってしまおう」と、持っているものを売ってしまうようになります。結果として、売りの力がドンドン大きくなって、下落することになるのです。

これは逆に考えれば大きく下落する前兆ですから、売りで利益を上げるチャンスだと考えることもできるでしょう。

この動きで重要なことは、高値圏での切り下がりという点です。高値圏とは、1日、1週間、1カ月など一定期間の間で最も高い価格の周辺ということ。チャートを見ていると、この高値圏以外のところで徐々に高値が下がっていることがあります。しかし、その場合は、ここでいう高値の切り下がりとは意味が違うので、注意してください。

それまで上昇してきた相場には、それなりに買われてきた理由があります。皆が買いたいと思っていたのです。にもかかわらず、高値の切り下がりが現れたということは、勢いがなくなってきたことを意味しています。

背景には相場の裏側で買われなくなった事情、もしくは売られ始めている事情があり、高値の切り下がりには、その事情が如実に反映されているのです。

ですから、繰り返しになりますが、単に高値が下がっているから「高値の切り下がり」なのだと断定するのは危険です。それが上昇してきた末に高値圏で起きた現象なのかどうかをきちんと見極めてください。

ちなみに逆の形、安定圏での切り上がりが現れたときも、このパターンは有効です。

暴騰・暴落

次にご紹介するのは、暴騰・暴落のパターンです。

説明の前に、ひとつ確認しておきましょう。

Chapter 1のはじめで、チャートは「価格」と「時間」で表されると書きました。また、縦軸が「価格」、横軸が「時間」ということも、ご説明したと思います。では、“傾き”は何を表しているのでしょうか？

傾きは、値動きの速度になります。

ゆっくり上昇している相場は、いきなり大きく崩れることはあまりありません。しかし、急な傾きで上昇している相場、あまりに不自然なスピードで上昇している相場は、突然崩れることがあります。

実は、これにもきちんとした理由があります。ゆっくり上昇する動きは、投資のプロたちがひそかに買っていることを表しているのです。しかし、値が段々上昇してくると、他の投資家たちもこの動きに注目して買っていきます。そして、さらに上昇すると、普段投資をしないような人たちも、「ずっと上昇しているから、これは儲けるチャンスじゃないか!?」という

図2-12 暴騰・暴落

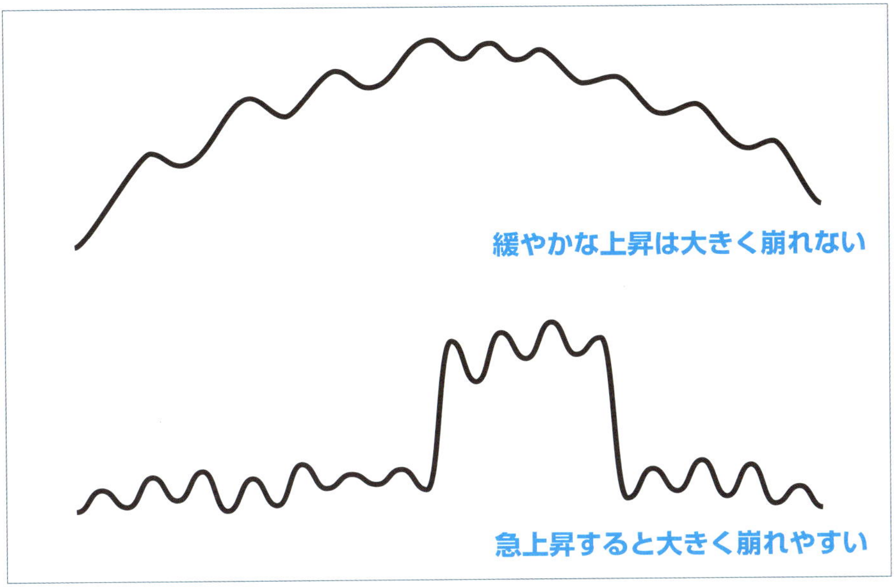
緩やかな上昇は大きく崩れない
急上昇すると大きく崩れやすい

ことで買い始めます。ちょうど新聞や雑誌などで、相場の変化が騒がれるのがこの頃です。

この段階になると、莫大な資金が相場に入ってくるので、ある時期から急激に値が上昇していきます。

このように資金が大量に集まっている相場に、少しでも悪い材料が出てくると、皆が急にそこからお金を引き出しますから、風船がはじけるように、一気に暴落することになるのです。

「スピードが速すぎる相場は、どこかに異常がある」

そう思っていただいて、間違いないでしょう。

「そのスピードは何をもって判断するの？」という疑問が出るでしょうが、これは難しいことではありません。

例えば、日足チャートを普段よりも少し長めのスパンで見てみてください。長期的なスパンで見ると、スピードが異常であれば、どこかの時点から急上昇が始まっていることがはっきりとわかります。角度が目に見えて大きくなっているのです。これだけで異常な状態だと見極めることができるはずです。

では、暴騰・暴落のパターンには、どう対処すればいいのか？

前述の通り、緩やかな上昇トレンドが続くときには、そのまま流れに乗ってください。そのうち、どこかのタイミングで、次第に上昇の速度が上がっていくでしょう。

さらに上昇すると、急にバネが伸びきったように勢いがなくなります。そして、その直後、反対に思い切り反動をつけたように下落します。

反動のタイミングを見極めるために重要なことは、いかに冷静に相場を見ることができるかです。先ほど述べたように、長いスパンのチャートをじっくりと分析すれば、暴騰・暴落のタイミングをつかむことは決して難しいことではありません。

ただ、ひとつだけ注意が必要です。暴騰・暴落のパターンが現れるときは、相場の値動きが非常に荒くなります。そのため、仮に見通しを誤った場合、強気で大きなポジションを取っていると、大ケガをする恐れがあります。

したがって、ポジションはいつもより小さくしておいたほうが無難でしょう。なお、ポジションの取り方については後ほど詳しく説明いたします。

底値付近でのローソク足の動き

株式市場では、「十字線が出たら反転のサイン」など、ローソク足の1つひとつの形を見て相場の先行きを当てる手法があります。しかし、為替相場ではこうした手法はあまり通用しません。

株式相場では、取引開始後に買っていた人が、取引終了にかけてポジションを決済して、相場が元に戻ってくることがあるため、終値に意味が出てきます。しかし、為替相場は、前述のように、基本的に24時間連続しています。したがって、ローソク足の終値は、便宜的にニューヨーク時間の終値に設定しているにすぎません。あくまで便宜上の区切りなので、それほど意味がないのです。

ただし、「底値圏での長い下ヒゲ」や、「安値圏で長い陰線が出た日の翌日に出る長い陽線」などは、注目すべきでしょう。ともに底値からの反転の兆しを示していると考えて、私自身は重視しています。

この動きの背景にあるものは、どちらも同じです。いずれの場合も、大きく下落してどこまで下がるのかが誰にもわからない状態だという前提があります。しかし、ある程度のところで下げる力が弱まると、反対に「これだけ下げたのならば、買ってもいいのではないか？」と考える人たちが出てきます。

図2-13 底値付近でのローソク足の動き

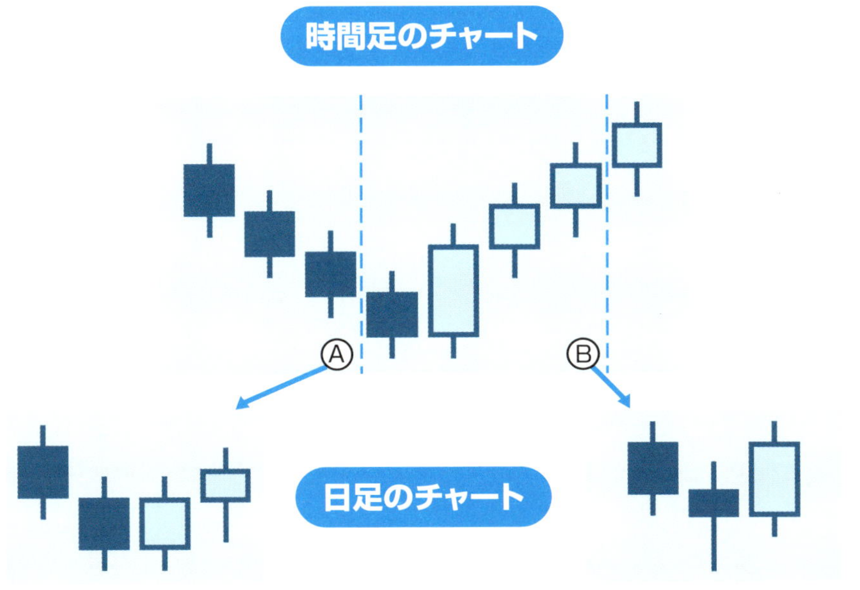

下の２つのローソク足は、一見、違う動きのように見えるが、どちらも同じ局面を表したもので、値が押し戻されたことを表している。このように、どこで区切るかで見え方が変わることがある

また、直前まで売っていた人が、そのポジションを買い戻して、結果的に値が押し戻されるという動きが隠れているのです。

繰り返しになりますが、為替相場のローソクの終値は、あくまで便宜的な区切りにすぎません。ですから、この押し戻された動きが、結果的に底値圏での長い下ヒゲとなったり、陰線の次に現れる長い陽線となったりするのです。この２つは、見た目は違う形ですが、裏側にあるしくみは同じです。

また、反対の「高値圏での長い上ヒゲ」「高値圏で長い陽線が出た日の翌日に出る長い陰線」も、安値圏か高値圏かの違いだけで、動きの意味としては同じことになります。

以上、いくつかの特徴的な形について解説してきました。

最も大切なことは、とにかく数多くのチャートを見ることです。そして、その裏にある「人の心理・行動」について繰り返し考えてみることです。

この作業を積み重ねていけば、注意すべき動きがどんなものかが、感覚的にわかるようになってくるでしょう。

Chapter 3

確実に儲けるために知っておきたい基本原則

きちんと利益を残すための基本原則11

Chapter 2では、チャートパターンの見方をご紹介しました。

実は、確実に利益を出すためには、チャートパターン以外にも覚えておくべき重要な原則がいくつかあります。

このChapter 3では、そうした原則をまとめました。以下の11項目の内容を理解したうえで、次章の練習問題に臨んでください。

❶ 予測が外れることもある

チャートの値動きを予測するうえで、忘れてはならないことがあります。それは「値動きの予測は、正しい見通しを立てていても外れることがある」ということ。

例えばあるチャートを見たときに、値が上昇していくと予測したとします。トレンドラインを引いてみたところ、安値（下値）を結んでうまくラインを引くことができました。上昇の傾向がある場合、トレンドラインに沿って上がっていく可能性が高いということは、前のChapterでお伝えした通りです。

そこでしばらく様子を見ていたところ、途中で上昇のトレンドラインを下に抜けました。下に抜けたのですから、下落トレンドに入ったと考えられます。これがブレイクアウトの一般的なパターンです。

しかし、下に抜けたと思ったら、その数日後（場合によっては1日もしないうちに）、再び相場が上昇のトレンドラインの上に戻ってくることがあるのです。ちなみに、相場がこのように一般的な見通しとは異なる動きをすることを「ダマシ」といい、ダマシに引っかかることを「ダマシに遭う」といいます。

話を元に戻しましょう。はっきりいってしまえば、レジスタンスラインやトレンドラインなどの各種テクニカルラインや、決まった形で現れるチャートパターンは万能ではありません。相場のすべての動きを完璧に予想することは不可能なのです。

こんなふうにいうと、「だったら、チャートを読み解く意味なんてないんじゃないか？」と疑問を持つ人がいるかもしれません。しかし、そうではないのです。

確かに、例外が存在するのは事実です。ただ、最低限「こうした動きが現れたときには、こうなる確率が高い」ということはいえますし、一定の法則性を覚えておいたほうが判断を誤らないことも事実なのです。

上がる（下がる）確率が高い動きを見極め、その動きが確認できたら、しっかりと自分なりのシナリオを立てる。間違いはすぐに認め、正しかったときには、ポジションを維持して利益の拡大を図る……。

図3-1 相場が予想外の動きをすることもある

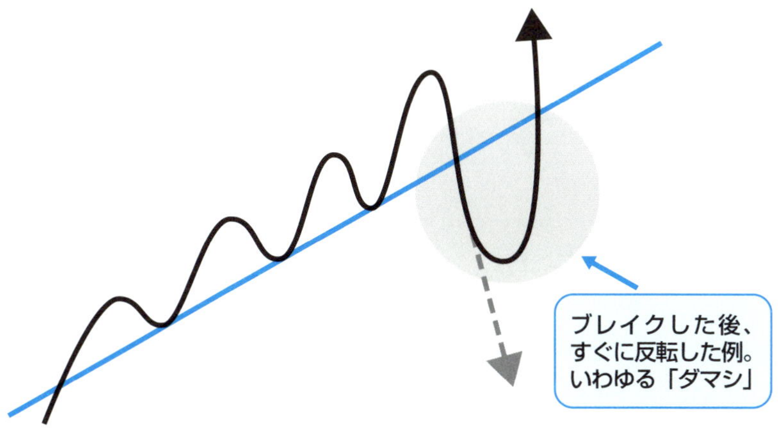

ブレイクしたのかと思いきや、またライン内に戻ってくることがある。
ラインを抜けた後も、値動きの動向から目を離さないようにしたい

以上のことを繰り返していけば、たとえ１回１回の勝負で負けることがあっても、毎回高い確率のほうに挑戦していくことで、結果的に利益を残せるようになるのです。

繰り返しますが、相場の動きを完璧に予測することはできません。しかし、タイミングを捉えて勝負を仕掛けていけば、収益を確実に残すことができるのです。

❷ 「売り」と「買い」のスピードは異なる

本書の冒頭で、“売り”と“買い”は変わらないと書きました。

事実、ドル円の「買い」といえばドルを買って円を売ることを表し、ドル円の「売り」といえば、ドルを売って円を買うことを表します。

このように、為替とは一方を買うと同時に一方を売るという取引ですから、この事実を見る限り、「売り」と「買い」は表裏一体の関係にあるといえます。しかし、行為としては裏表の関係でも、意識のうえでは違いがあります。ドル円で取引をする場合、１ドル＝●円というように、ドル主体で発想します。円をあまり意識せず、ドルを買ったり、売ったりすると考えるのです。

そうなると、“値動きの速度”に、ちょっとした違いが出てくるのです。より厳密にいえば、「上昇」と「下落」に違いが生まれる、といったほうがいいかもしれません。

相場では、**上昇（買い）は比較的ゆっくり動き、下落（売り）は急スピードで動く**ことが多いのです。なぜ、こんなことが起きるのか？

私自身は、その理由に「人の心理」が関わっていると考えています。

感覚的な話になりますが、人は上がっていくことよりも、下がっていくことに対して、より強い恐怖心を覚えるものです。下がることが、「落下する」というネガティブなイメージを連想させ、下落を加速させるのではないでしょうか。

この現象は、ポジションを持っている状態を想像するとわかりやすいで

図3-2 上昇と下落のスピード

しょう。「買い」のポジションを持っているときに急落すると、非常に恐怖心を感じます。下落が進行すれば、多くの投資家が恐怖心からポジションを閉じることになります。

もちろん、「売り」のポジションを持っているときに上昇すれば、それはそれで困った展開になります。しかし、「上がっていく」という感覚は、「落ちていく」感覚とは違い、仮に同じように損をしていたとしても、恐怖を感じにくいという特徴があるのではないでしょうか。

この説明には特に明確な根拠があるわけではありません。ただ、何度もお話ししてきた通り、相場の値動きは人の心理や行動がつくり上げているものです。そうであれば、本来売りと買いが同じような動きを示すはずの為替相場で、上げ下げが異なる動きをすることも、やはり人の心理や行動から説明できるのではないでしょうか。

ちなみに、下落のほうがスピードが速くなることが多いため、銀行のディーラーたちは、買いよりも圧倒的に売りを好みます。理由は単純で、スピードが速いほうが、あっという間に儲かるからです。

その分リスクが高くなるともいえますが、短い期間ポジションを持っているだけで大きく利益を上げられるということは、非常に魅力的なことなのです。FXの個人投資家のなかには、「スワップ狙いで“買い”しかやらない」という方もいらっしゃいます。もちろんスワップも魅力的ですが、金利差の縮小や逆転など、経済環境は常に変化します。ですから、「“買い”しかやらない」という頑固な考え方を持たずに、相場の動きに対して柔軟に自分を変化させて、流れにしっかり乗っていきましょう。

最後に、ひとつ補足をさせてください。なぜ、Chapter 1で「売りと買いは同じだ」という、本章と一見矛盾するようなことを書いたのか？

このChapterでは、売りと買いでは値動きに違いがあるため、両者が異なるという説明をしました。しかし、Chapter 1では、**売りも買いも行為としては同じである**ということをお伝えしたかったのです。

なぜ、このように売りと買いが変わらないことを強調したかったのかといえば、実は「理由」があります。海外の投資家と比べて、日本人の個人投資家は、売りが苦手な人が非常に多いのです。そのような人たちに、ぜひ、売りに対する拒否反応をなくしてほしいと思ったからです。儲けるチャンスをみすみす見逃すというのはもったいないことです。

本書をお読みの皆さんには、「売り」「買い」にかかわらず果敢に攻めるという姿勢を持っていただきたいと思います。

❸「順張り」で勝負し、「逆張り」の意識を持つ

「順張り」と「逆張り」という言葉をご存じでしょうか？

簡単にいえば、流れに沿って売買するのが順張り、流れに逆らって売買するのが逆張りです。

もう少し細かく説明すると、上昇の流れにあるときに、その流れに沿って買うのが順張り、下降しているときに、その流れに逆らって買うのが逆

張り。反対に下降しているときに、その流れに沿って売るのは順張り、では、上昇しているときに、流れに逆らって売るのは？

そうです、逆張りです。

どちらがいいかということがよく議論になりますが、私自身は、基本的に「順張り」であるべきだと思っています。

逆張りだと、「そろそろ上がるだろう」「これだけ上げたのだから、もう下がるはずだ」と**自分の“希望”で売買をすることになる**からです。

この“希望”というのがネックで、自分の希望と相場の動きが一致しないということは往々にしてあります。そうなると、「思い込み」に縛られてしまうため、折角のチャンスを利益に結びつけられなかったり、相場の動きと逆のポジションを取って大きな損失を出すことになってしまいます。

数年に一度の大相場でも、黙って見ているだけになってしまうこともあるわけです。値動きに素直に従うという相場の鉄則から考えても、**上昇しているときは、そのまま上昇に乗っかる「順張り」、下落しているときはそのまま下落に乗っかる「順張り」**を基本戦略に据えたいところです。

ただ、ひとつ注意していただきたいことは、急激に動いた後は、反転する可能性が高いということです。Chapter 2でご紹介した「暴騰・暴落」のパターンなどは、典型的な例でしょう。その反転のタイミングをうまく捉えるという意味では、逆張り的な発想も必要になってきます。

こうなると、「結局、どちらがいいの？」という話になりますから、ここでいったん整理しましょう。

上昇しているときに売ったり、下落しているときに買ったりする逆張りは、値動きに反する動きであり、根拠のない自分の希望に影響されることがあるため危険。しかし、相場が大きく上昇・下落した後は、急に反転することがあり、その兆しを捉えるためには、流れに乗るだけではなく逆のことを考えておく必要もある。

要するに、値動きに対しては順張りで勝負しつつ、頭の片隅に「そろそろ終わるかな？」という逆張りの意識を持っておくということです。

そして、一方向に動いていた相場が反転を始めたら、予想していた動きが来たということで、利益が出る方向にポジションを取る。こうすれば、より多くの収益が得られるでしょう。

いずれにせよ、自分のお金を守るためには「値動きに対しては順張り」という姿勢は変わりません。これは、しっかりと覚えておいてください。

④ 1回のトレンドの振り幅は約10%

為替相場で現れるトレンドは、1回の振り幅が10%程度になることが一般的です。

ユーロ円が120円から上昇すれば、10%は12円ですから、120円＋上昇分の12円で132円程度まで値を伸ばすということになります。逆に120円から下落すれば108円までということです。

もっとも、最近の為替相場は変動が非常に激しいため、必ずしもこの限りではないというのが正直なところです。ただ、相場が安定してくれば「振り幅は10%程度」という原則が再び有効になってくるでしょうから、覚えておいて損はないでしょう。

なお、この原則は、トレンドが発生したら必ず10%動くということではありません。むしろ、1回のトレンドの振り幅はもっと小さいことのほうが多いのです。例えば、再びユーロ円を例に見てみると、2006年は4～5%程度のトレンドが4回程度ありましたが、それ以上のトレンドは発生しませんでした。しかし、2007年の3月には、ちょうど10%程度の上昇トレンドが発生しています。

このように、トレンドは、10%の周辺をうろつき、ときには10%を超えることもあるのです。

では、10%という数字は根拠がないかというと、そうでもないのです。10%程度動くと、動きが鈍ってきたり、場合によっては反転したりすることは、傾向としてあると考えていいでしょう。

では、なぜ10%動くと反転するのでしょうか？

これはChapter 2でご紹介した通り、相場には適切なスピードというものがあるからです。10%を超える値動きは、数カ月で動く数値としては、いささか大きすぎるため、反対に戻ることになるのです。

ただし、もう一度繰り返しますが、この数字は絶対ではありません。先ほど「順張り」「逆張り」の項で説明したように、「10%動いたのだから、そろそろかも……」というくらいの意識を持つようにしてみてください。

ちなみに、相場が何かのきっかけで大きく動いたときは、その動きは継続しやすいという傾向があります。そして、しばらくすると、値動きの幅が小さくなっていきます。

このパターンも重要ですので覚えておいてください。

❺ 資金を潤沢に残しておく

冒頭で、「正しい見通しを立てても、予測が外れることはある」とお伝えしました。もし予測が外れたら、次に問題になってくるのは資金です。本当に勝負したい局面で資金が残っているかどうかは重要でしょう。

資金を残しておくということは当然のようにも思えますが、実際はこれがなかなかできないのです。

2008年の世界同時株安のときのように相場が大きく動くと、あっという間に資金がなくなって、追加で資金を入れることになったり（追証）、資金を入れられずに資産の大半を失ってしまうことがあります。

そうならないためにも、次のチャンスに必ず動き出せるように、資金をしっかり確保しておくことが大事です。そこで重要になってくるのが、ポジションの「取り方」に関する以下の2点です。

1）チャンスのときのみ売買をする
2）自分のシナリオを持つ

1点目は、考えもなしに売買をしないということです。

チャート分析の練習を繰り返ししていくと、「チャンスだ！」というタイミングがわかるようになってきますから、そのときだけ勝負をしてください。当たり前のことのようですが、実際に取引をすると、これがなかなかできません。売買を頻繁に繰り返せば、儲けられるような気になってしまうのです。

しかし、数多く売買をするということは、必ずしも利益には結びつきません。儲かるような気になるだけです。

売買の回数が増えていけば、当然、その分だけ失敗も増えていきます。

また、途中まで大きく利益が出ていても、無用な売買を繰り返すことで、じりじりと損を出し続けてしまい、折角の利益を吐き出してしまうことさえあります。

こういうミスを防ぐためにも、チャートを読み解く力をしっかりと身につけ、チャンスのときのみ売買をすることを心がけましょう。

図3-3 勝負のタイミングを見極める

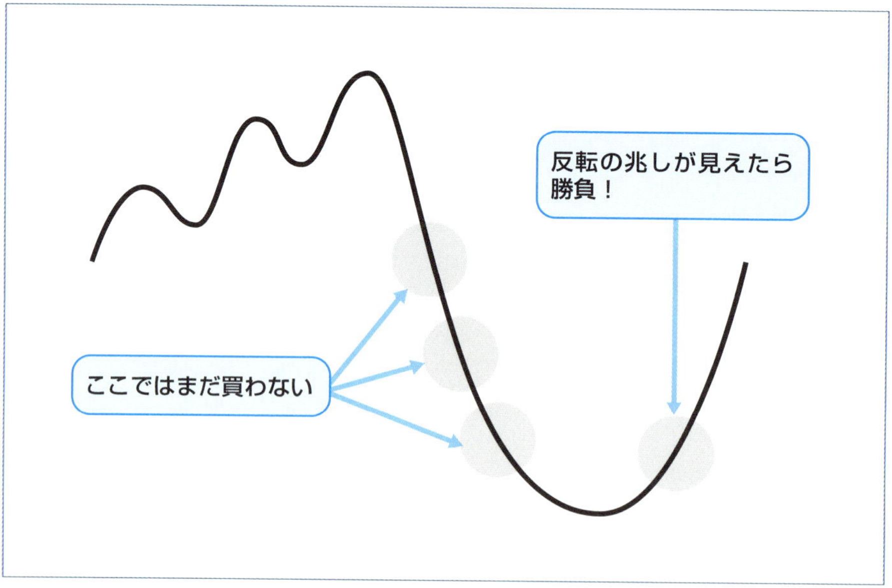

反転の兆しが見えたら勝負！
ここではまだ買わない

ムダな売買を回避するためには、“自問自答”するに限ります。

「なぜ今、売買しようと思うのか？」

「本当にチャンスなのか？」

「ただ、売買を楽しみたいというだけで取引しようとしていないか？」

精神論になって大変恐縮ですが、トレードを成功させ、利益を確実に得るためには、過去を顧みる行為、すなわち「振り返り」が重要なのです。

２点目の「自分のシナリオを持つ」ということですが、これは損切りだけでなく、「利食い」でも役立ちます。

利食いとは、いわば損切りの反対で、利益が出ているときにポジションを決済して、最終的な利益を確定させることです（詳しくは後述）。

シナリオというと、「アメリカの経済指標が悪かったら、一層ドル売りが進むだろう」というように、ファンダメンタルズをイメージする人が多いかもしれません。しかし、チャート分析でも、自分なりのシナリオを立てることは重要です。

サポートラインが割れたから売りで勝負する、ダブルボトムが確認できたから買いで攻めるなど、自分の行動方針を明確にするのです。

このように自分なりのシナリオを持てば、先にふれた「無用な売買」を防ぐこともできますし、ポジションを取った後でどう行動すればいいのかという点についても、おのずと自分の中に答えを見つけ出すことができるのです。

いざというとき、十分な資金を確保しておくためにも、ここでご紹介したポジション管理の２つのポイントを忘れないでください。

❻ トレードノートで「振り返り」の習慣をつける

前項で、利益を確実に得るためには「振り返り」が大切だと書きました。

ただ、この「振り返り」を、毎回心の中だけで行うというのは簡単なことではありません。そこで効果的な手段として、「トレードノート」をとるという方法があります。

このノートには、取引の記録を残しておきます。経済指標を記録しておくのもいいのですが、それより、トレード時に考えたことを記録しておくことをお勧めします。そうすれば、自分の「心」を振り返ることができて、有効に活用できるからです。

人間の気持ちは、書くことによって整理されます。

「この相場のとき、自分はどういう心理状態だったのか？」

「なぜ、ここでトレードを始めようと思ったのか？」

「なぜ、このときはうまくいって、このときは失敗したのか？」

このように、内面を振り返る手段として活用すれば、トレードノートは非常に役に立ちます。むしろ、より良い「振り返り」のためには、記録は不可欠だといったほうがいいかもしれません。

記録をきちんと残しておけば、「トレードノート」は、いずれあなた自身を成長させてくれるはずです。

⑦ 適切なタイミングで「損切り」をする

次は「損切り」です。損切りは、資金を残すために必ずしなくてはいけない、ということはすでにお伝えしました。

損切りには自分の資金を守るという意味がありますが、同時に、自分の間違いを認めるという側面もあります。ですから、当初の見通しに誤りがあったとわかった時点で、速やかに損切りすべきです。

例えば、ペナントを形成しているチャートがあるとします。

相場がそのペナントを上に抜けたので、買いポジションを取ったとしましょう。しかしその後、相場が戻ってきて、再びペナントの中に入ってしまいました。「ダマシ」に遭ってしまったわけです。

このトレードの場合、「ペナントを上に抜けた」という理由で買っているわけですから、そこから元に戻ってしまったということは、最初の前提が崩れているわけです。そのときは自分の見通しが間違っていたのですから、素直に損切りをして次に備えるべきでしょう。

これは、前述の「自分のシナリオを持つ」という原則にもつながります。シナリオをしっかりと立てておけば、間違いがはっきりしますから、躊躇なく損切りができるはずです。

では、あらかじめ損切りの注文をする場合は、何に気を付ければいいのでしょうか？

よく「損切りの注文を設定したら、何度も引っかかってしまって利益を残せないのですが……」という声を耳にします。

損切りのラインに引っかかってしまう原因は２つあります。

ひとつは、シナリオの立て方の誤り。これは練習を繰り返して正していくしかありません。繰り返していけば必ず正しいシナリオが立てられるようになります。

もうひとつは、損切りの注文を置く場所の誤り。「何度も引っかかる」ということは、注文を置く場所が近すぎるのですから、損切りの注文を、ポジションを取った場所から離せばいいでしょう。非常に単純なことです。

この話をすると、「そんなに離して置いたら、１回の損が大きくなりすぎて取引できません」という声も耳にします。

その場合は、ポジションが大きすぎる可能性があります。

まず、ポジションを見直して小さくしてみましょう。そうすれば、最初に買った（売った）値から損切りまでの値幅を広くとることができます。

一度の利益は小さくなってしまうかもしれませんが、損切りを頻繁にすることは避けられますから、結果的に利益を残せるようになるでしょう。

⑧ １回の損失の大きさを設定しておく

損切りの話とも関連しますが、「１回の損をどの程度にするか（どの程度まで許容するか）」を決めておくことは、非常に重要です。

そもそも１回の損は、全体の何％に収めればいいのでしょうか？

私は、スイングトレードのスタイルであれば、元金を100％とした場合、そのうちの5％程度が適当だと考えています。１回損切りをして、それが

５％のマイナスであれば、連続して最大20（＝100÷５）回失敗するまで資金が残っていることになります。
ただ、初心者で自信がない場合には、１〜２％程度に留めておくこともひとつの手でしょう。この数字であれば、50〜100回負けるまで、資産が残ることになります。
とにかく、最も避けたいのは全資産がなくなってしまうことですから、そうならないためにも、１回の損の大きさをどれくらいにするかはしっかりと考えておいてください。
間違っても、１回の損失で資産の全額や半分がなくなってしまうようなことはしないことです。それはもう、トレードではなく、ただの無謀な自殺行為です。それだけ大きく賭ければ、見通しが当たったときの利益は大きくなりますが、損失を被ったときに大きな痛手を負ってしまいます。
では、損失の調整は具体的にどうすればいいのでしょうか？
例えば、相場が上昇すると予測して、ドル円を100.50円で買ったとしましょう。そして、100円ちょうどでストップロス（損切り注文）を置こうと考えているとします。このとき、ストップロスの幅は0.50円（100.50－100.00）になりますね。
ここであなたは、100万円を持っていて、１回の損失を２％に抑えたいと考えました。100万円の２％ですから、２万円までは損を許容するということです。
この場合、損失を２％（２万円）に抑えるためには、0.50円の損切りですから、４万通貨までは購入できるわけです（４万通貨×0.5円＝２万円）。
重要なのは、どこで損切りをするかについて、自分の都合だけでシナリオを描いてはいけないということ。
「とにかく10万通貨買いたい！」といって100.50円で買ってしまうと、２％の損失で収めるためには、ストップロスが100.30円になってしまいます（ストップロスの幅は100.50－100.30＝0.20）。
これはあまり良い選択とはいえません。なぜなら、相場の動きを考慮することなく自分の都合だけでシナリオを立てているからです。第一、通貨の購入数について、何ら裏づけがありません。

1回の損失の大きさを決めても、ストップロスの位置は、あくまでも相場を見て判断すべきです。「損切り」の位置は、意味のあるところに置かなくてはならないのです。

❾ 「利食い」で判断を誤らない

「利食い」も損切りと同様、基本的には最初に立てたシナリオにしたがって行います。ただし、損切りと異なるのは、当初のシナリオと異なる結果が出たときの対応です。

損切りの場合は、シナリオが間違っていたときに、そのまま放置すると損失が拡大しますから、すぐに実行する必要があります。

しかし、利食いの場合は、はじめに立てたシナリオよりも、さらに利益が増えていきます。

利益が増えること自体は望ましいことですが、だからこそ、ポジションを閉じるタイミングを逸してしまうなど、思わぬ失敗を招きかねません。

失敗を避けるためのひとつの手段としては、**最初に持っていたポジションのうち、一部はシナリオ通りに利食いをして、残りで利益の拡大を狙う**ことが有効です。こうすることで、確実に利益を残したまま、より大きな利益が狙えます。

ここで、利食いに関連して、「トレーリングストップ」という少し難易度の高いテクニックをご紹介しましょう。

トレーリングストップとは、利益が出ているときに、ストップロスを利益が出ている方向に徐々にずらしていくというものです。

難点があるとすれば、ストップロスで利益を確定するために、ピーク時（最大の利益が得られるポイント）で決済しても、必ず一定の利益減が出てしまうという点でしょう。

しかし、それでも大きな利益を狙い、かつ、ある程度の利益を確保していくとなると、この方法が最も適当だと思います。

図3-4 トレーリングストップのしくみ

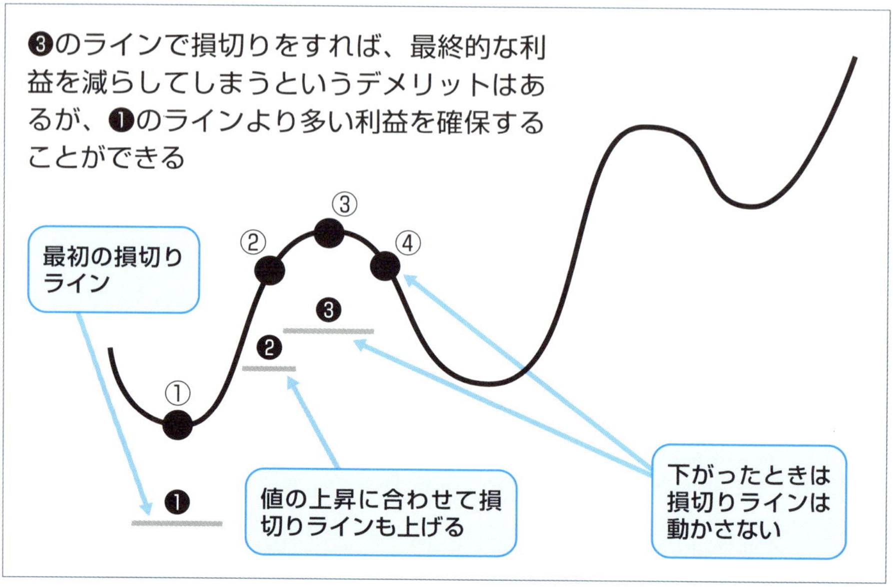

❸のラインで損切りをすれば、最終的な利益を減らしてしまうというデメリットはあるが、❶のラインより多い利益を確保することができる
最初の損切りライン
①
②
③
④
❶
❷
❸
値の上昇に合わせて損切りラインも上げる
下がったときは損切りラインは動かさない

注意したいのは、利益が出ている方向にのみ損切り注文を動かすということ。反対方向、すなわち損失が拡大する方向に、損切りの注文をずらすことは絶対にしてはいけません。これでは、自分で自分のシナリオを破ることになってしまうからです。

⑩ 複数の時間軸で判断する

実際に取引をするときには、**チャートを複数の時間軸で見る**ということを忘れないでください。

「複数の時間軸」というのは、例えば「日足」や「週足」で大まかな動きを捉えて、「60分足」で的確にタイミングをつかむということです。

具体的なチャートで見てみましょう。

例えば図3-5の60分足は上昇トレンドですが、これを日足で見ると、上げ下げを繰り返していることがわかります。

図3-5 複数の時間軸でチャートを見る

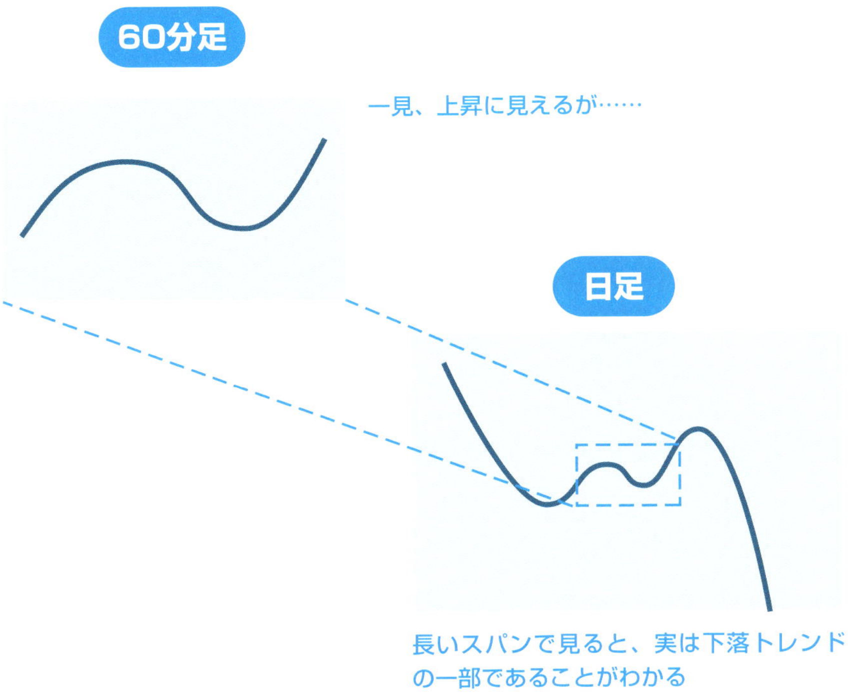
60分足
一見、上昇に見えるが……
日足
長いスパンで見ると、実は下落トレンド
の一部であることがわかる

相場の動向は、複数の時間軸を比較して判断することが大切！

折角上昇トレンドを捉えるチャンスであるにもかかわらず、60分足の天井で手を出してしまったら、その後の下落で損失を出すことになってしまいます。こうしたミスをしないためにも、「日足」や「週足」など長期的なスパンで捉えたチャートで大きな流れをつかみ、60分足で細かいタイミングを捉える必要があるのです。

「売り」「買い」の決断をするときは、必ず複数のチャートのチェックを行ってください。この作業を実践することで、的確なタイミングで売買ができるようになり、トレード技術が格段に上がるはずです。

⑪ 大局観を持つ

最後にお伝えすることは非常に重要なことですので、よく覚えておいてください。それは「大局観を持つ」ということです。

大局観とは、全体の大きな流れを見る目という意味です。

相場には常に上げ下げがあります。常に一方向に進み続ける相場というのは存在しません。必ず細かい上げ下げがあります。

それでも長い目で見れば、相場が向かっている方向性が、何となくつかめることがあります。

「方向性」とは、将来的に上昇しつつある相場なのか下落に向かう相場なのかということ。この流れをつかむには、やはり長期的なスパンでチャートを見ることです。週足や日足で時間をさかのぼれば、おおまかなトレンドをつかむことができるのです。

トレードをする際には、この大きな流れには逆らってはいけません。大きな波が来ているのに、その中の小さな波に乗ろうとすることは自殺行為です。細かい上げ下げに影響されて、思わぬ損失を出さないためにも、大局観を持つことを、心がけるようにしてください。

なお、この後の練習問題では、日足と週足を採用しています。

日足で細かい値動きを見極める力をつけ、週足で大局観をつかむ力を身につけていただきたいと思います。

では、早速、問題に挑戦してみましょう！

Chapter 4

チャート分析力が身につく37問

練習問題を解いてみよう！

3つの難易度の問題に挑む

Chapter 1 ～ 3 では、チャートの見方をはじめ、為替相場で取引をする際に、頭に入れておいていただきたいことをまとめました。この章では、今までの知識を使いながら、練習問題を解いていきます。

問題はLEVEL 1 ～ 3 まであり、予測しやすいものをLEVEL 1 、少し難しいものをLEVEL 3 としました（難易度はあくまでも著者の主観による）。

もっとも、実際のトレードではどのパターンのチャートが現れるか予測できませんから、あらゆる難易度の問題に対処できるような実力をつけておかなければいけません。

また、問題は「日足」をもとに出題していますが、併せて「週足」を掲載しています。これは、トレードを行う際には、常にその相場の中長期的なトレンドを視野に入れながら、次の動きを予測していただきたいからです。異なるチャートを見比べながら、多角的に判断をする習慣をつけましょう。

3種類の通貨ペア

問題では、「円」「ドル」「ユーロ」を組み合わせた通貨ペアを扱います。

ドルは言わずと知れたアメリカ合衆国の通貨。貿易における決済や金融取引などで最もよく使われる“基軸通貨”です。それだけに、国際的な取引でも、ドル円やユーロドル、ポンドドルなど「○○ドル」という通貨ペアは取引量が多いという特徴があります。マイナー通貨同士の取引よりも比較的安定的な動きになるというのも特徴のひとつでしょう。

ユーロはEU（欧州連合）で使われている通貨で、2009年 2 月現在16の国が使用しています。

今まではドルが基軸通貨として世界で圧倒的な地位を確立していましたが、2008年の金融危機でその立場が危ぶまれ、次の基軸通貨はユーロになるのではないかとまでいわれています。そのため、ドルほどではないにしても、世界中で活発に取引されています。

「ドル円」「ユーロ円」「ユーロドル」の3種類の通貨ペアを取り上げたのには理由があります。

まずドル円とユーロ円ですが、前述のように、この2種類の通貨ペアは取引量が非常に多く、日本の為替相場でも取引の9割近くを占めているといわれています。したがって、皆さんにもなじみがあるだろうということで選択しました。

ユーロドルを扱う理由は、世界で最も取引量の多い通貨ペアだからです。米ドルが基軸通貨であり、ユーロがいずれ基軸通貨の座を奪うのではないかといわれているわけですから、この通貨ペアの取引量が多いのは当然といえば当然ですね。

日本人は円が絡んでいない通貨ペアにはあまり親しみを持てないのか、取引を避ける傾向があります。実際、ユーロドルも、日本ではそれほど多くは取引されていません。

ただ、それは「きっかけ」がなかっただけだと思います。これを機に、ぜひユーロドルをはじめとした円以外の通貨ペアにも興味を持っていただきたいと思います。

では、早速、練習問題を解いてみましょう！

LEVEL1

Q1

この相場にはどのようなラインが引けるでしょうか？
実際に引いてみてください。

ドル円

LEVEL1

Q 2

チャートパターンを探しながら、Aではどうしたらよいかを考えてみましょう。

ドル円

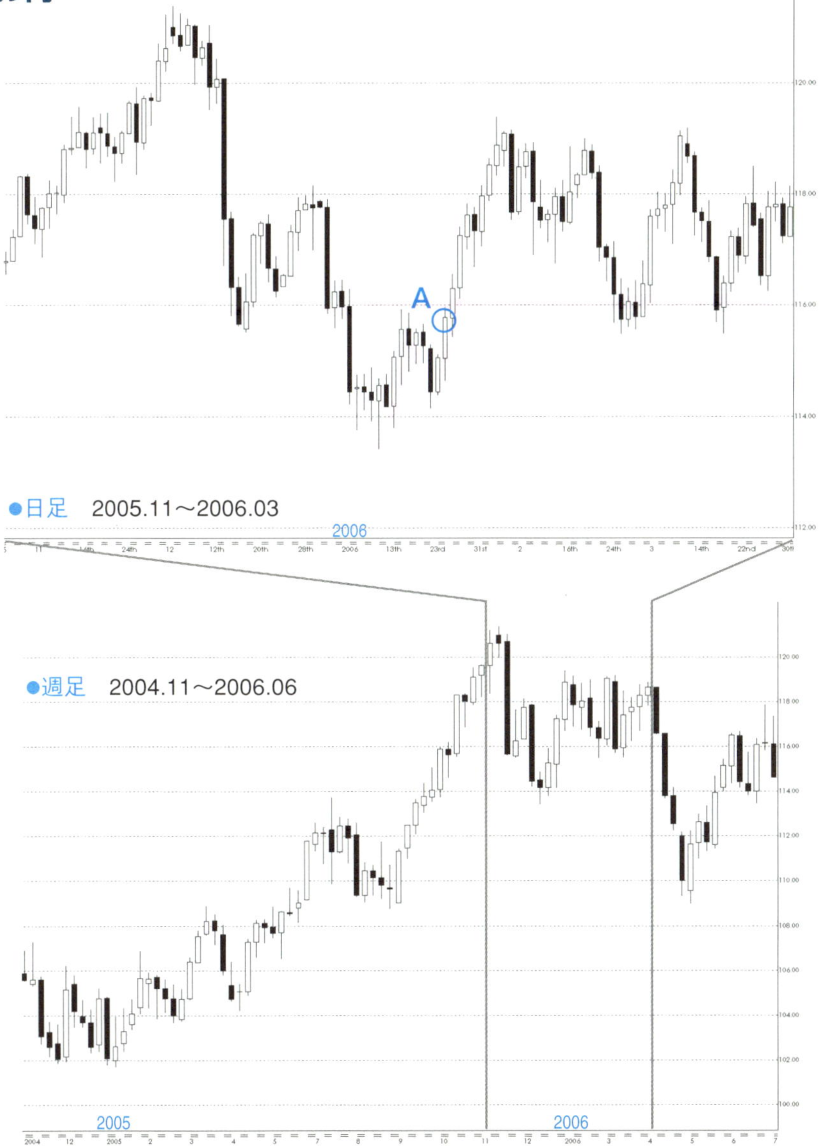

LEVEL1

A1

解説

ラインが引きやすいチャートです。スイングトレードの期間なら、ここで引かれた５本程度になるでしょう。より短期間のチャートを見れば、さらにいろいろな線が引けるかもしれません。

チャート内の５つの円は、それぞれのラインをブレイクしたポイントを表しています。

左の下落トレンドラインをブレイクしたのがA、左下から右上に伸びる上昇トレンドをブレイクしたのがD、中央から右下に伸びる下落トレンドをブレイクしたのがEということ。また、B、Cはブレイクした直後に戻っていますから、“ダマシ”だとわかります。

B、Cのようなケースには注意が必要ですが、「ブレイクしたら、そこで売り買いをする」という基本方針を忘れないでください。

LEVEL1

A2

解説

小さくてわかりにくいかもしれませんが、Aの直前に現れている形は、ダブルボトムの一種でしょう。底1でいったん下げ止まって上昇しますが、上値で押し戻されています。その後、底2でもう一度下げ止まり、上昇に転じています。

さらにBでは、直近の高値で116円より少し下にあるレジスタンスラインを超えているため、上昇の力を強く感じます。Aでは、ぜひ買いを進めたいところです。

この小さなダブルボトムで重要なのは、底2が非常に短い期間であるということです。これは、その分、下げる力よりも上昇する力が強かったと判断できます。

このような凹凸の形はよく見られますので、覚えておいてください。

LEVEL1

Q 3

ラインを引きながら、買いのタイミングとして適当な場所がどこかを指摘してください。

ユーロ円

LEVEL1

Q 4

トレンドライン、サポートライン、レジスタンスラインを引いてください。また、引いたラインを見ながら11月以降の買いのタイミングを指摘してみてください。

ユーロ円

●日足　2000.05〜2000.12

●週足　2000.02〜2001.02

LEVEL1

A3

解説

まず125円の少し上と130円に、サポートライン、レジスタンスラインがそれぞれ引かれます。そのうえでチャート全体を見てみると、Aで底堅い動きが確認されるため、ここで買いを入れたいところです。この底堅い動きは、よくよく見ればダブルボトムを形成していることからも判断できます。

とはいえ、レンジ継続中と捉えると少し躊躇する場面かもしれません。その場合は、130円のレンジブレイクが確認できるBも、確実な買い場として注目したいところです。週足を見ても上昇がはっきりとわかるでしょう。

ちなみに、Cも右下がりのラインを抜けていることから買い場であると考えられます。ただ、ここは125～130円のレンジになっているという見方もできますから、積極的に買うという判断にはならないかもしれません。

LEVEL1

A4

解説

トレンドラインもさることながら、サポートライン、レジスタンスラインがきれいに描けるチャートです。A、B、Cでは買いで入るのが正解。ただし、Cは大分上昇していることから、くれぐれも慎重に。

A、B、Cはラインのブレイクをきっかけに買っていますから、抜けた後はサポートラインを意識しながらストップロス（損切り注文）を入れていきましょう。

また、11月以前ですが、Dも下落のトレンドラインをブレイクしていることがはっきりしていることから、買いを入れてもいい場面です。特に、Dはダブルボトムの底になっていることからも、わかりやすい買いのポイントだと判断できます。

LEVEL1

Q5

中央のレンジ（もみ合い）になっている部分では、どんな戦略を立てればいいでしょうか。ラインを引いて考えてみてください。

ユーロドル

LEVEL1

Q6

Aの時点でどのように行動すればいいでしょうか。
各種ラインを引きながら考えてみましょう。

ユーロドル

LEVEL1

A5

解説

水平のラインでは①、②、③の３つが確認できます。特に強いラインは①と③です。また、長期のチャートを見ると、上昇の後のもみ合いに入っていることがわかります。

よって、このチャートは基本的に上昇トレンドの途中であると判断できます。その点を考慮すると、③には何度か近づいている場面（⬆のポイント）がありますから、そのつど買いで攻めて、②で押し戻されそうだったらポジションを閉じるということを繰り返しつつ、上へのレンジブレイクを狙いたいところです。

その後、Aではっきりとブレイクしていますから、ここでは迷いなく買いで攻めましょう。

LEVEL1

A6

●日足 2007.10〜2008.04

解説

①のレジスタンスライン、②のサポートラインが非常に明確に見て取れます。そして、Aではっきりと①のラインを抜けました。併せて、長期のチャートでも上昇トレンドの後のもみ合いを経て再度ブレイクしていることがわかります。

これらを総合して考えると、Aは絶対に買いたい場面です。

ただ、Aの前には、1.50を上に抜けきれずに戻されてしまった上ヒゲが何本かあります。この点で、買うべきかどうか少し迷うかもしれません。

ここで注目したいのは、Aの陽線の長さ。①を長めの陽線で抜けてきたということは、それだけ相場に勢いがあると判断していいでしょう。

1.50を抜けた翌日で仕掛けるということも考えられますが、より早く仕掛けていくためにもAで買うのは理想的な戦略です。

LEVEL1

Q7

ラインを引き、グレーの部分の展開を予測してみましょう。

LEVEL1

Q 8

上昇トレンドの途中に長い陰線が出ました。あなたならどうしますか？

ドル円

LEVEL1

A7

解説

◯の部分で何度か上昇の兆しを見せていますが、その度に戻してしまい、終値で本格的な上昇を示しているのはAが初になります。

また、上昇直前の下値を見ていくと、105円より少し上のところでソーサーボトムの形になっています。この動きから下げ渋っており、徐々に底が堅くなっていることが確認できます。

底堅い動きと、上方向へのブレイク。ここから上昇していくことが読み取れるでしょう。

週足を確認しても、かなり安値圏にきていることや底値が堅くなってきていることが確認できます。

今まで下げ続けていることから少し躊躇するかもしれませんが、ここは積極的に買っていきましょう。

LEVEL1

A8

解説

トレンドラインを引いてみると、明確なブレイクを確認することができます。ここではいったんポジションを閉じてよいでしょう。その翌日に長い下ヒゲの陽線が出て迷わされることになります。

しかし、トレンドラインの中に再び戻ることはないので、しばらく経過を見ても再び買うという判断はないでしょう。週足を見ても高値圏ですので、警戒感があります。

重要なことは、問題の陰線の後、トレンドラインを下に抜けて戻ってくるという展開にならなかったということです。このことひとつとってみても、売り圧力が強いということを判断する、十分な材料となります。

LEVEL1

Q 9-1

高値圏で長い陽線が出た後、陰線が出ました。
あなたなら、このときどうしますか？

ユーロ円

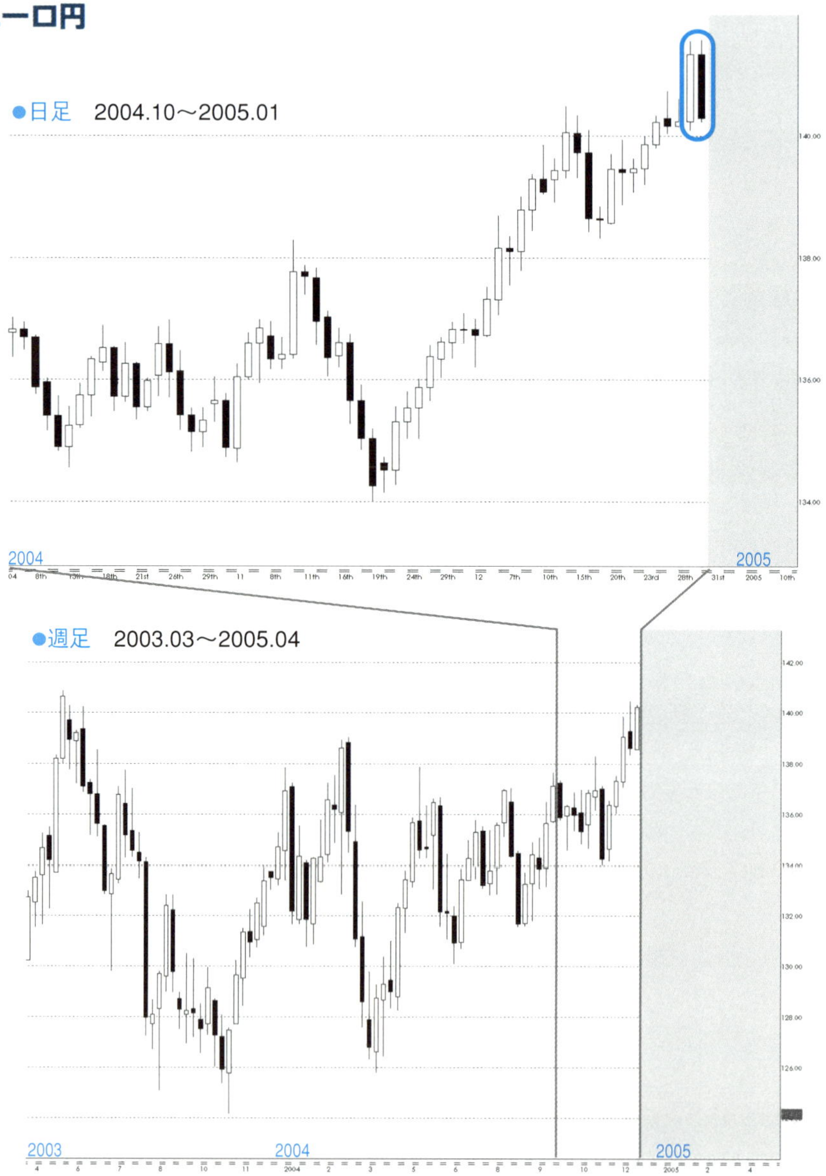

LEVEL1

Q 9-2

同じチャートからの出題です。
Q9-1で注目した長い陰線の後、さらに大きく下落しました。
あなたなら、どうしますか？

ユーロ円

●日足　2004.10～2005.01

LEVEL1
A 9-1

解説

2本のローソクの形から、暴騰・暴落のパターンだと判断できます。週足で見ても140円を抜けたところは、なかなか値が上がりません（ちなみに、このように相場がもみ合ってなかなか値が上がらないことを「頭が重い」といいます）。

ただ、下値を見てみると、しっかりトレンドラインに底が支えられているのがわかります。ここはいったん様子を見つつ、このトレンドラインを抜けるか抜けないかを見極めましょう。抜けていくようであれば、ドテンを考えたいところです。

LEVEL1
A 9-2

解説

トレンドラインをしっかりと割り込む、はっきりとしたブレイクが確認できます。週足での頭の重さも売りを支援しているといえそうです。躊躇なく売りで仕掛けたい場面です。

大切なことは、トレンドラインを割り込む直前に暴騰・暴落のパターンが出現していますから、急落がある程度予測できたということです。展開を予測しておいて、思った通りになったら素早く勝負する。この「事前の予測」ができると、実際にパターンが現れたときに、素早く自信を持って勝負することができます。

LEVEL1

Q 10

A、Bではどう行動すべきでしょうか。ラインを引いて考えてみてください。

ドル円

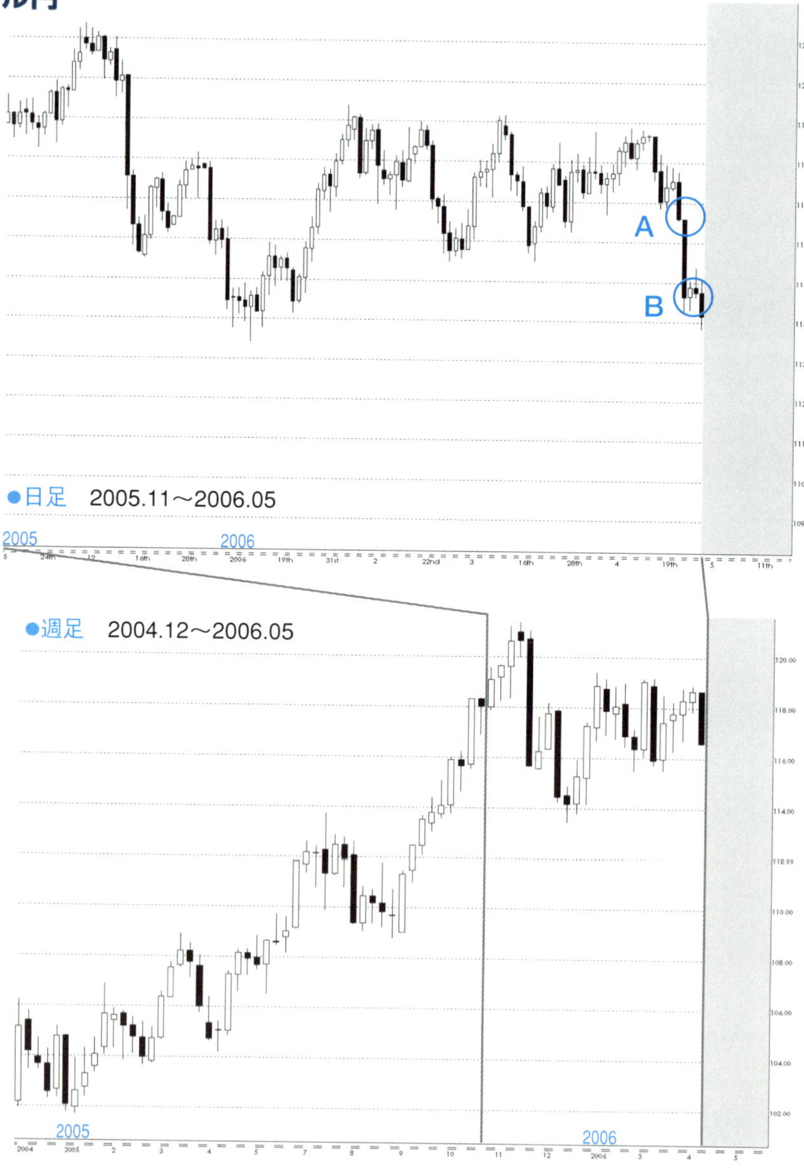

LEVEL1

Q11

買いポジションで順調に上昇した後、下がり始めました。この後、どうすればいいでしょうか。

ユーロドル

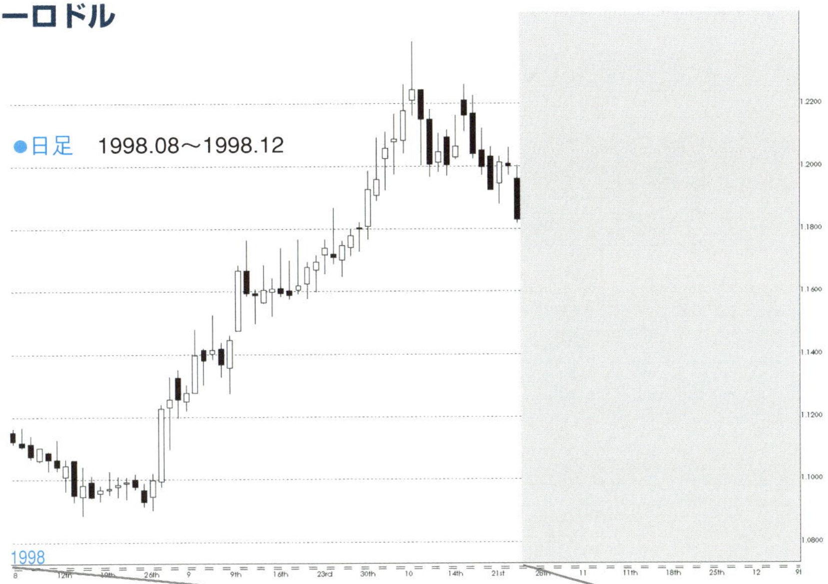

LEVEL1

A 10

解説

ラインを引くと、上値は119円より少し上のレジスタンスラインで、下値は上昇のトレンドラインで阻まれていますから、ペナントの形になっていることがわかります。

Aの直前で下値が切り上がっていることから上昇を予想した人がいたかもしれませんが、①のラインを下に抜けていますから、ここは売りで攻める場面です。

では、Bではどうでしょうか。

Aからはかなり下がっていますから、新たにポジションを取ることは躊躇するかもしれません。しかし、左端のローソク足はかなり長い陰線で、強い下落の力を感じますし、週足でも高値に位置しています。そのため、ここはさらに売りを仕掛けたい局面です。

LEVEL1
A 11

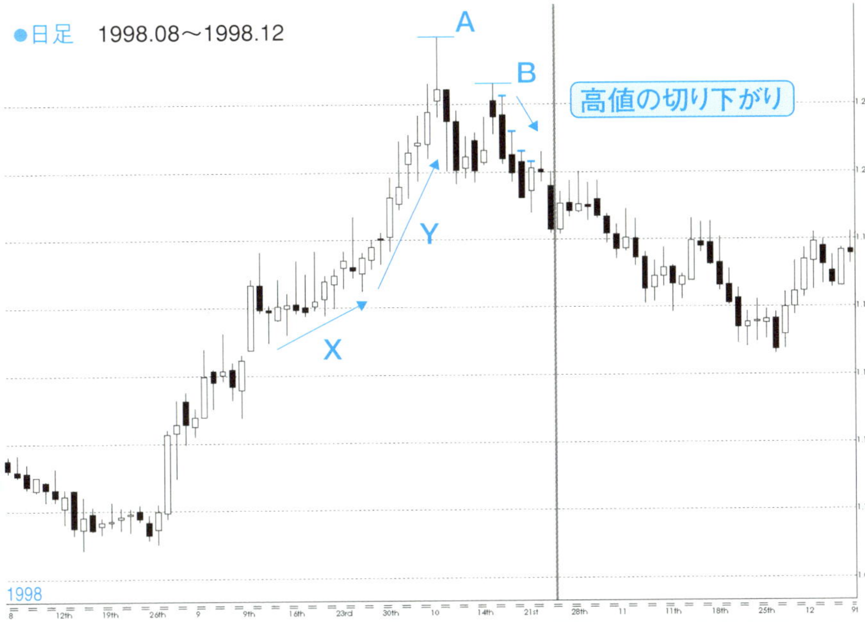

解説

週足を見ると、98年８月辺りから急激に上昇し、次いで下落していることがわかります。

日足で注意したいのは、Aで高値をつけた後の下落。その後、いくらか戻すも、次に最も上昇したBがAより低い位置になり、そこから高値の切り下がりが見られるという状況です。

高値圏からの下落ということで、下落余地が大きく利益を狙うチャンスであることがわかります。ここは売りで攻めましょう。

ちなみにこのチャート、少しずつ上昇した（X）後に、上昇の速度が極端に速く（Y）なっている局面があります。緩やかな上昇の後の急上昇は、その後、かなりの確率で大きく下落するサイン。このような動きが現れたときに買いを仕掛けるのは避けたいところです。

LEVEL1

Q 12

チャートパターンを探し出し、それをもとにポジションの取り方を考えてみてください。

ユーロドル

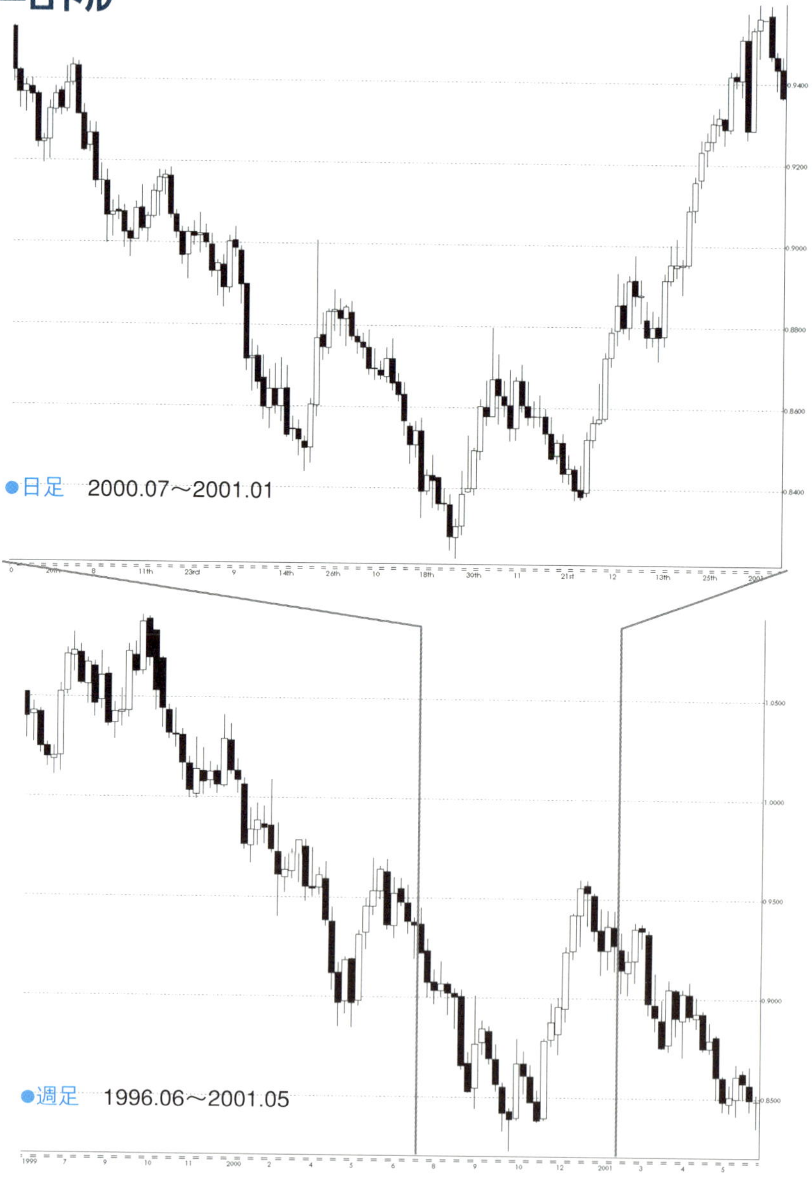

LEVEL1

Q13

106円のラインで下げ止まったように見えますが、その後、下落をしています。矢印以降はどのタイミングで売ればいいでしょうか。

ドル円

LEVEL1

A12

解説

まず一目瞭然なのが、底が３つできていること。２番目の底が最も低くなっていますが、0.84近辺で底固め（→126ページ）の動きを３度確認できるため、下値は支えられていると考えられます。

では、どこで買っていくかですが、①のトレンドラインが上値を抑える形になっているので、ここを抜けたAで買いを入れるのが最もわかりやすいでしょう。

このチャートは週足を見ても、非常に安値圏に位置していることがわかります。それだけ上昇の余地があり、利益拡大が期待できるということです。

LEVEL1

A13

解説

108円のレジスタンスライン①に阻まれているものの、徐々に高値切り下がりが見えます。矢印の直後では長い陰線が3本出ており、非常に強い下落を示しています。Aでも③のトレンドラインをブレイクしたと判断し、売りで攻めることもできますが、106円近辺のサポートライン②の存在を考えると、Bのほうで売るほうが、より自信を持って勝負できるでしょう。

このチャートのポイントは、106円、108円というきりのいい数字でラインが引けるということ。そこから、市場参加者の多くが2つのラインに注目していることがわかります。

LEVEL2

Q1

Aの時点で、どういう判断をすればいいでしょうか？
ラインを引いて考えてみてください。

ドル円

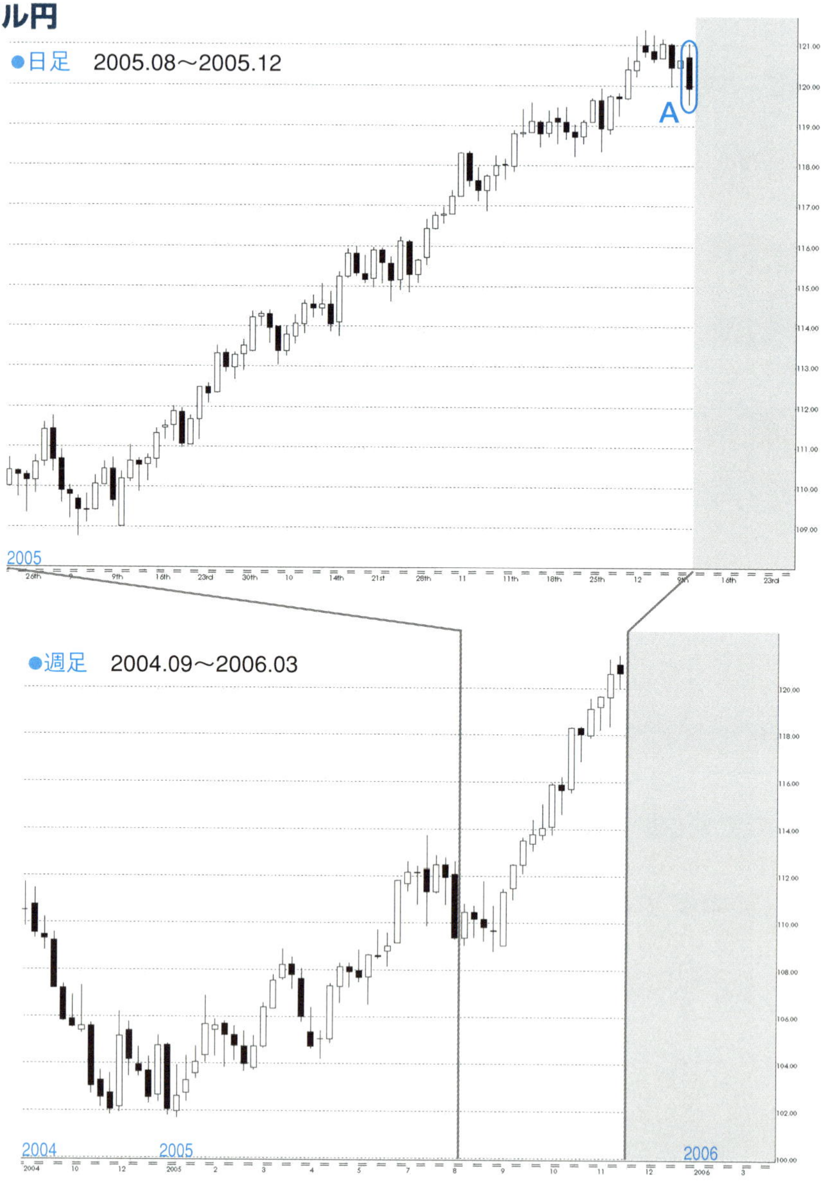

LEVEL2

Q 2

若干の下落が確認できます。
今後の動きを予測してみてください。

ドル円

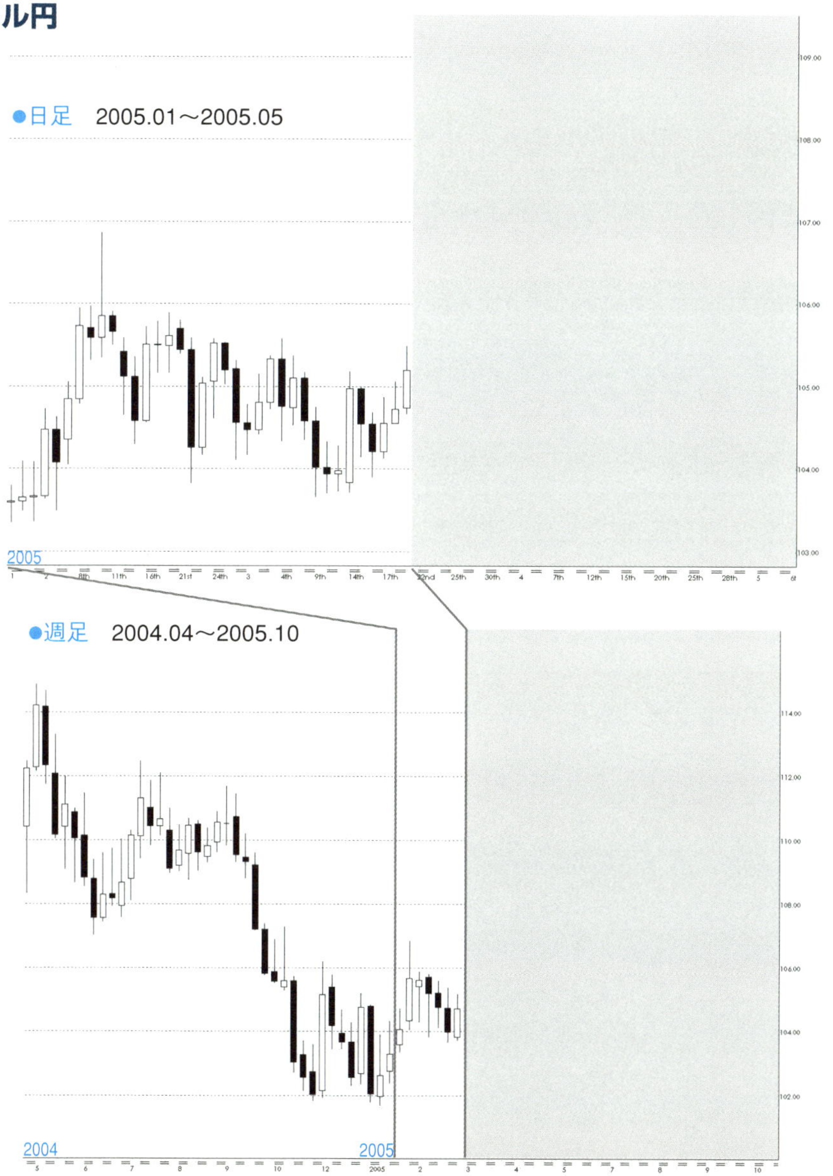

LEVEL2

A1

解説

Aの陰線で上昇のトレンドラインを割ったと判断できなくもないです。週足もかなり高くなってきているため、高値警戒感があります。

しかし、ここまでかなり堅調に推移してきたので、この動きだけで下落を予測することは難しいでしょう。

そこで重要になるのが、下落前の数日間の動きです。この長い陰線が出た日以外は、5日間連続で前日の高値を抜けられない「高値の切り下がり」の動きになっています。ここに気を配ることで、少し危険な状態かもしれないと判断できると思います。実際、Aの後で急激に下落していることは一目瞭然です。

LEVEL2

A2

解説

Aの長い上ヒゲが相場判断を難しくさせています。ただし、それを除けば比較的きれいで緩やかな下落のトレンドラインを引くことができます。このように極端で一時的な数字は無視しても差し支えありません。

また、上昇直前の底値は堅くなっていますし、結果的に下落トレンドをBでブレイクしていることが確認できます。

週足を見ても、安値から少しずつ上がりつつあることがわかりますから、その後の上昇を予想することができるでしょう。

LEVEL2

Q 3-1 ラインを引いて、Aでどう動くべきかを考えてみましょう

ユーロ円

●日足　2002.08～2003.02

●週足　2000.03～2003.05

LEVEL2

Q 3-2

Aで買ったポジションですが、予想とは違い下落しています。
Bの時点でこのポジションをどうしますか。

ユーロ円

●日足　2002.08～2003.02

●週足　2000.03～2003.05

LEVEL2

3-3

Cではどのように売買しますか？

ユーロ円

●日足　2002.08～2003.02

●週足　2000.03～2003.05

LEVEL2

A 3-1,2,3

3-1,2,3 解説

各種ラインと長い陽線でのレンジブレイクから、A は間違いなく買いです。

B でのポジションは買った後に下落しているので、迷うところかも知れません。ただ、基本的には123円近辺のラインをレンジブレイクしたことがもともとの買いの動機でしょうから、それを割り込んでいない以上、ポジションをキープするのが望ましいでしょう。

A の後にもっと上昇すると考えていた場合は、B で一度ポジションを閉じるのも悪くはありませんが、最善の策とはいえません。

A 、B でそれほど利益が上がっていないため、C は判断に迷うところですが、冷静に考えれば、確実にレンジブレイクしていると判断できます。

また、B から伸びているトレンドラインから安値の切り上がりが確認できるため、より積極的に買いたい場面です。

LEVEL2

Q 4

各種ラインを引いてください。また、Aで買いポジションを持ち、結果としてBのポイントまで動きました。この後、どのように動けばよいでしょうか。

ユーロドル

LEVEL2

Q5

150円近辺にレジスタンスラインが引かれています。Aで、エントリー（取引に参加すること）するかどうか判断してください。

ユーロ円

LEVEL2

A4

解説

長期のチャートを見ると、0.86近辺が安値となって相場を下支えしており、さらに緩やかな上昇のトレンドライン③が引かれることがわかります。

日足を見ると、トリプルボトム（ダブルボトムより底がひとつ多いパターン）の形も現れているので、底は堅いと判断し、Aで買いポジションを持ちました。上から引かれた①のトレンドラインをブレイクしたことも、買いの根拠です。

その後、緩やかに斜めに引かれた②のラインを、長い陽線で勢いよくブレイクしていることから、Bでも買い増しを考えることができます。トリプルボトムの後の上昇なので、積極的に買い向かいたいところです。

LEVEL2
A5

解説

今回のケースの場合、まず148円より少し下（①）と、150円より少し上（②）の間でレンジを形成していることがわかります。レンジの下値が徐々に切り上がっていることに注目すれば、上に抜ける可能性が高いと考えられるでしょう。素直にAで買っていいと思います。

ところでその後、Bでわずかですが②を下に抜けてしまっています。この場合はどうすればいいでしょうか？

「②を下に抜けたから損切り」、あるいは「しっかりと割り込んだと断定するには下げ幅が小さいので、もう少し様子見」。どちらの判断も可能です。ただ、その後は再び上昇しているので、損切りをした場合も、改めて買いポジションを持っているようにしたいものです。

LEVEL2

Q6

Aでトレードに参加するとしたら、どのようなポジションを取るべきでしょうか？　また、「損切り」「利食い」のポイントも考えましょう。

ユーロドル

●日足　2007.09～2008.02

●週足　2006.09～2008.03

LEVEL2

Q 7

Aの後の展開を予測して、自分ならどうポジションを取るかを考えてみてください。

ドル円

LEVEL2

A6

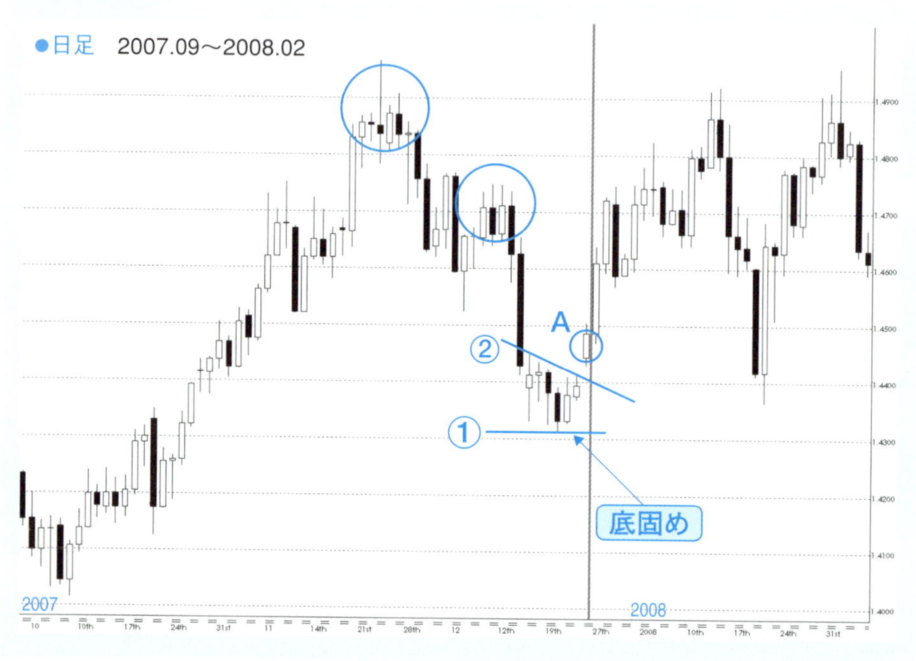

解説

Aの直前はいくらか下落した後、横這いをしているソーサーボトムの形です。このように、下げ止まった後の横這い状態を「底固め」といいます。

Aの地点では、底固めの後の上昇を確認できますから、ここはしっかりと買いで攻めましょう。

さて、買いポジションを取ったと仮定したら「損切り」です。今回は①の底堅さを材料に買っていますから、①より下に損切りのラインを入れます。

ただ、ライン②が確認できることから、これより下回ってしまったら上昇の勢いが足りないと判断しても差し支えありません。ちなみに利食いは利益拡大を目指すことが基本ですが、一応の目安はもみ合っている1.47、1.49辺りを見ておきましょう。

LEVEL2

A7

解説

値が大きく上下していますが、段々と動きが狭くなっていることがわかります。上下にラインを引くと、ペナントを形成していることがわかるでしょう。そして、Aのブレイクで下に抜けたことが確認できます。さらにこのAでの下落は長い陰線となっていて、売りの力が強いことを表しているといえます。ここは売りで勝負すべき場面でしょう。

一点注意したいのは、Aで売った後に、上ヒゲが何度かペナントの中に入り込んでいることです。少しもみ合い気味になっています。

これは①のラインがサポートラインとして意識されているという事情があります。そのため、ここを抜けたBではもうひと押し、売りで勝負したいところです。

LEVEL2

Q 8　この後の相場の展開を考えてみてください。

ドル円

LEVEL2

Q 9

一度下落した後に若干の上昇が見られますが、この後の展開を考えてみましょう。

ドル円

LEVEL2
A8

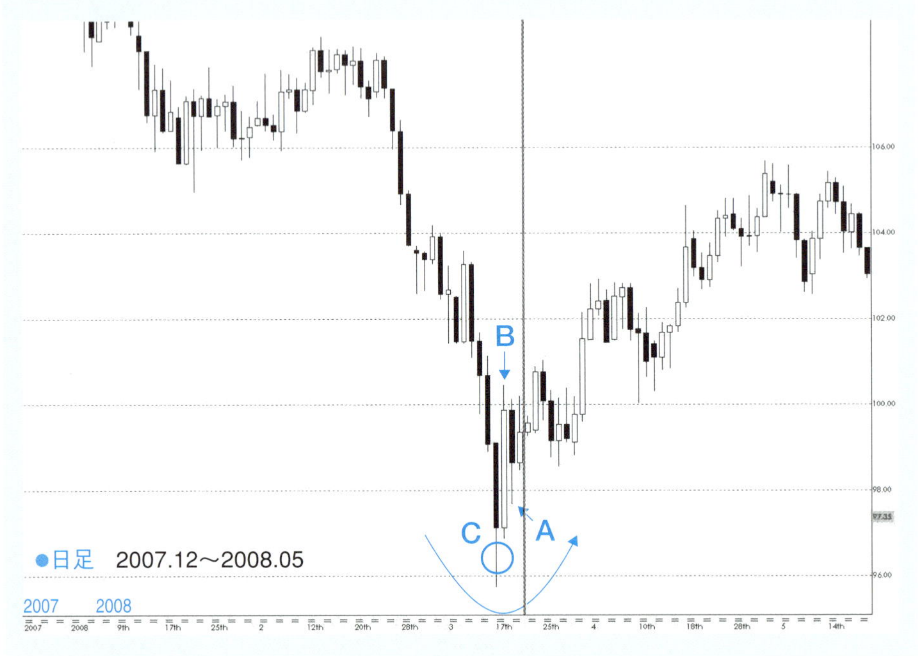

解説

自分が取引をしていると考えると、難しい場面です。

しかし、冷静にチャート分析のみで考えれば、非常にわかりやすい暴騰・暴落のパターンが現れています。Cで長い下ヒゲ、Bで長い陽線、さらにAで陰線が出ているものの、これも長い下ヒゲが出現しているため、安値圏でもみ合い、反転上昇の準備をしていることがわかります。ここは買いを進めたい場面です。実際、Aの後の相場は上昇しています。

ただ、乱高下している相場ですから、ポジションの大きさには十分注意してください。

LEVEL2

A9

解説

ここまでかなり急激な下落が見られましたが、それが下げ止まってきていることが、ソーサーボトムの形や下落トレンドラインのブレイクなどからわかります。また、①の始値や終値よりも、②の終値のほうが高くなっています。これも相場が強気であることを示しています。

さらに109円で下支えされていることがわかりますし、週足を見てみると、2005年の安値102円辺りから2005年の高値121円辺りまで上昇し、そこからまた下げたことがわかります。

以上の点を総合的に分析すると、ここからは上昇の展開をイメージして、買いで挑みたいところです。実際、下落トレンドラインをブレイクしてからは、相場は緩やかに上昇しています。

LEVEL2

Q 10-1 短期、長期2つのチャートから、A地点以降の動きを予測してください。

ユーロドル

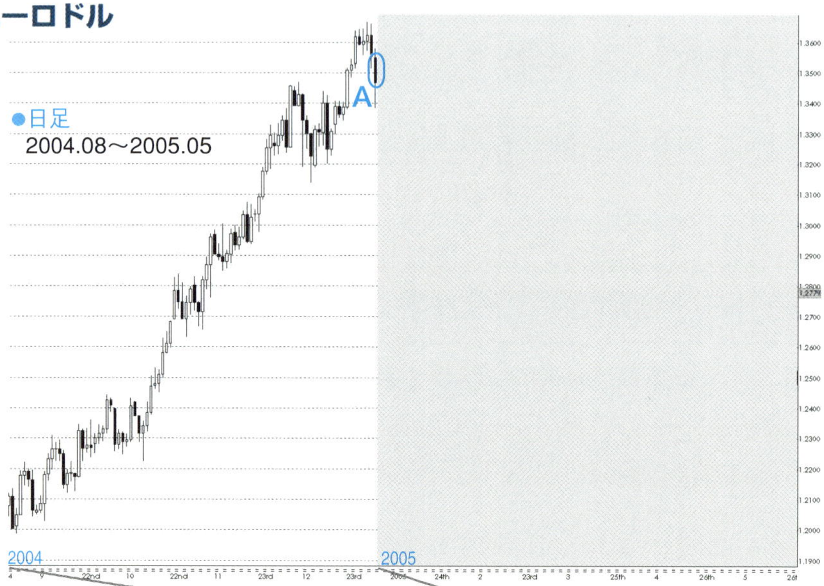

●日足
2004.08～2005.05

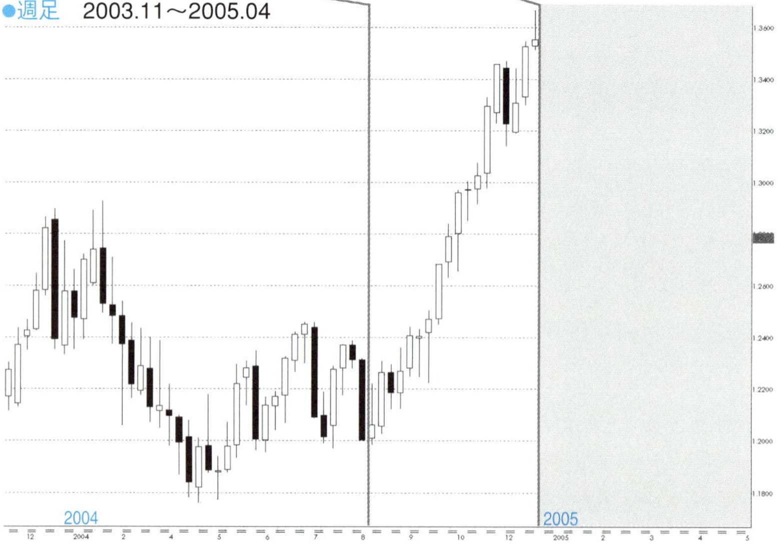

●週足　2003.11～2005.04

LEVEL2

Q 10-2

同じチャートからの出題です。
短期、長期2つのチャートからグレーの部分の動きを予測してください。

ユーロドル

●日足　2004.08～2005.05

●週足　2003.11～2005.04

LEVEL2

Q 10-3

B地点でのローソク足の動き、それまでのチャートの動向などから、どのような展開を予測しますか。

ユーロドル

LEVEL2

Q 10-4

Bの後、いったん上昇して下落しました。
各種ラインを引いて、この後の動きを考えてみましょう。

ユーロドル

A 10-1,2,3,4

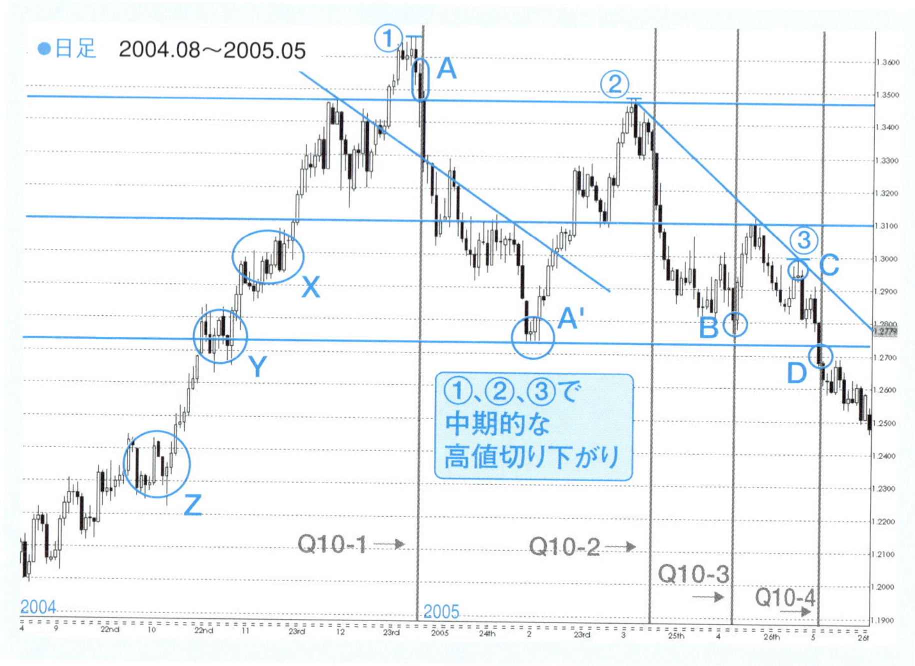

10-1 解説

ここまでかなり堅調に上昇をしてきたので、判断に迷う場面です。ただ、現状はかなり高値に位置していますし、高値の切り下がりが見て取れることや、長い陰線が出て下落圧力が強いことなどを考慮すると、売りで仕掛けることが有効です。

ちなみに下落した場合、過去にもみ合ったところで下げ止まることが、比較的多いといえます。この場合、目安としては、X、Y、Zとなります（これらが利食いのめどにもなる）。結果的にA´まで下がりましたから、Yと同水準であったということでしょう。利益拡大を狙いつつ、どの程度まで下げそうかをイメージしておくことも大切です。

10-2 解説

長期のチャートを見ることで、普通は大局をつかみやすくなるのですが、これは少し迷いが生じるパターンです。1.20から1.36まで上昇し、半値戻した後、再び上昇し、そこから下落しています。

高値の切り下がりなど頭が重いサインが確認できますが、ここで最も意識していただきたいことは、前回高値寄りの地点①よりも、低い地点②で頭が重くなっているということです。これを考えると、「上昇の力が徐々に弱まっているのでは？」と判断できます。

長期は上昇といえなくもない難しいところなので「決め打ち」はできませんが、少し疑いながらも売りで攻めたい場面です。

10-3 解説

一見、長い陰線の後で長い陽線が出る「暴騰・暴落」のパターンに見えます。

しかし、よく見てみると、Bまで暴落してきたわけではないので、ここではたまたま陰線と陽線が重なっただけといえます。長期で見ると1.28で底堅く推移していることも確認できます。このことは買い材料でしょうが、一方で徐々に中期的な高値が下がってきていることが確認できます（①、②）。

したがって、買うとしてもわずかでしょう。方向感がなくなっているので、どちらかといえば、しばらく様子を見たい場面です。

10-4 解説

C地点で押し戻されて、中期的な高値の切り下がり（①～③）が一層明確に現れました。しばらく方向感がなかっただけに、このDのブレイクは非常に意味が大きいです。1.20から1.36まで上昇し、半値である1.28はここまで強いサポートとして意識されてきました。また、あまりきれいではないものの、上値にもトレンドラインが引かれています。変則的なペナントのようになっていたところで、Dのブレイクが発生したわけです。方向性を模索していたところで起きたブレイクですから、市場参加者も確実に乗ってくるでしょう。週足で見ても下落は明らかです。

LEVEL3

1-1 Q

上値の頭が意識されています。
A以降の売りポイントを考えてみましょう。

ドル円

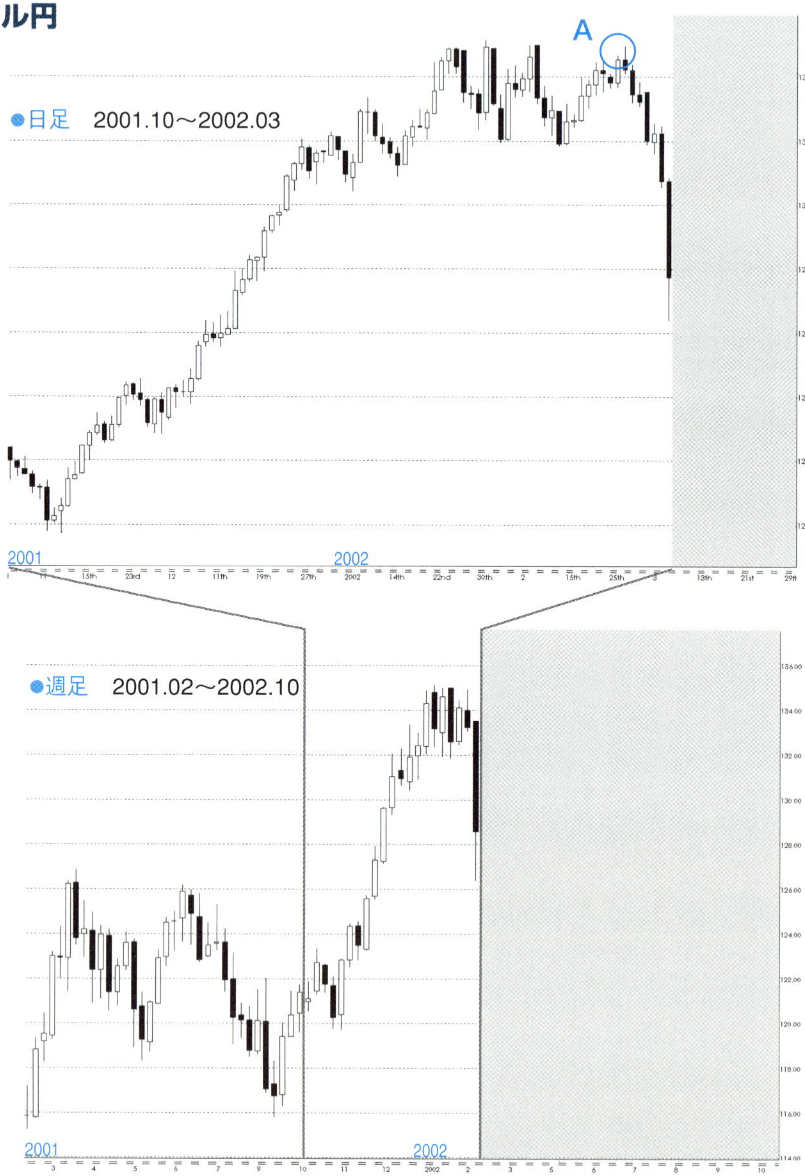

LEVEL3

Q 1-2

同じチャートからの出題です。
急激に下落した後で若干の反発が見て取れます。
あなたならどうう行動しますか？

ドル円

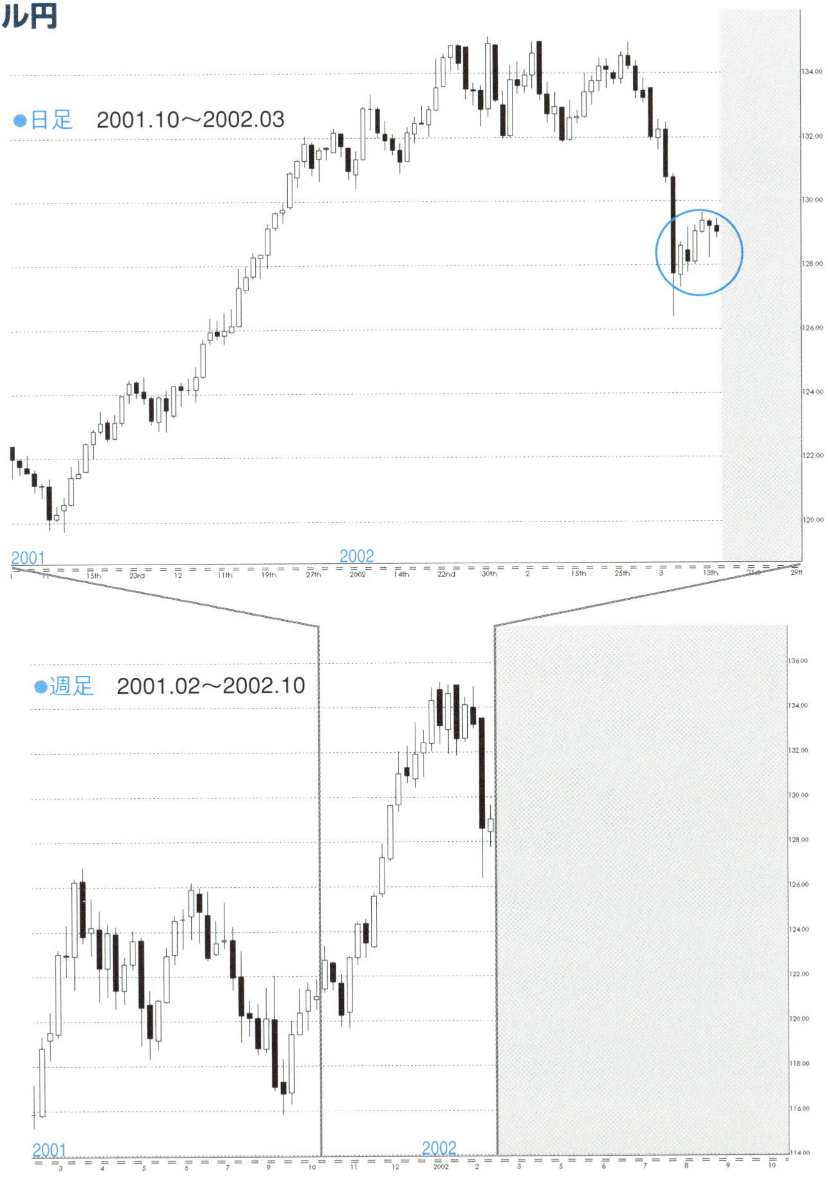

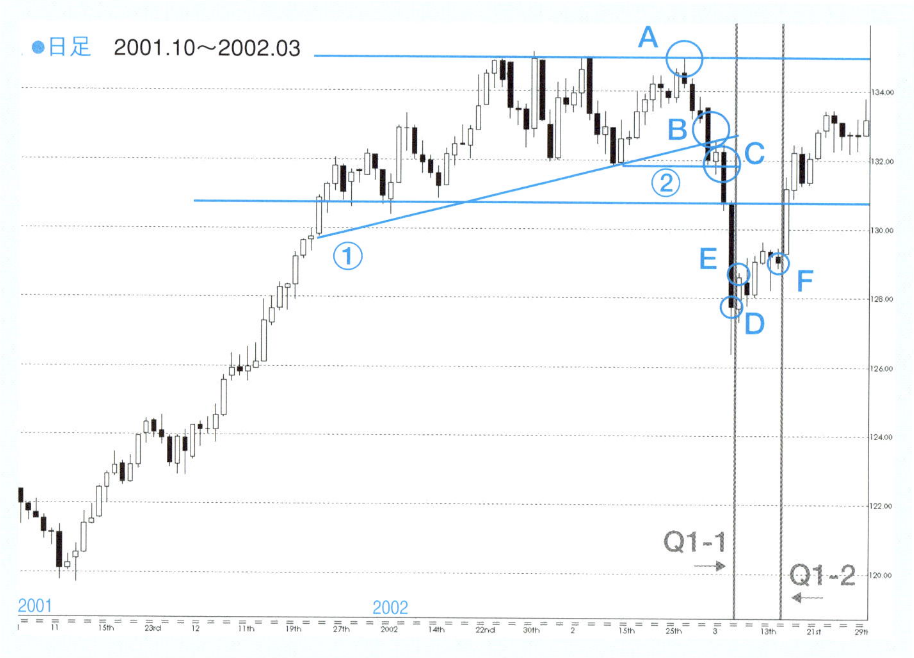
●日足　2001.10〜2002.03
A
B
C
②
①
E
F
D
Q1-1
Q1-2
134.00
132.00
130.00
128.00
126.00
124.00
122.00
120.00
2001
2002
11
15th
23rd
12
11th
19th
27th
2002
14th
22nd
30th
2
15th
25th
3
13th
21st
29th

LEVEL3

A 1-1

解説

まず134円を越えたところで頭の重さが意識され、Aでは押し戻されるのが4度目となっています。レンジかもしれませんが、Aでは思いきって売りを仕掛けたいところです。その後Bではライン①のブレイクが確認できますから、ここも売りサインです。また連日高値の切り下がりが見られることも、売り要因となります。

さらにCでは長い陰線が、直近の安値によって引かれるサポートライン②を下に抜けていますから、ここでも売りたいところです。

ただひとつ気を付けたいのは、ここまで大分下げていますから、反発の可能性も意識しなければなりません。

AやBで売れていた場合は、Cで追加の売りをしても構いませんが、Cで新規に入るという場合は少し慎重になる必要があるでしょう。

LEVEL3

A 1-2

解説

かなり急落した後ですので、買い向かうのは少し危険です。ただ、Dで長い下ヒゲが出ていますし、Fまで下値の切り上がりが現れています。ここまで確認してから買いを入れるほうがいいでしょう。

ただ、大きく動いた後は乱高下の恐れがありますから、しっかりと損切りを入れること。また、ポジションの大きさにも注意してください。

損切りのラインはDの下ヒゲの少し下、もしくは買いポジションを持った前日の安値の少し下になります。

LEVEL3

Q2

Aの部分でラインをブレイクしたと判断し、買いポジションを持ちました。しかし再び下げています。この後は、どのように行動したらよいでしょうか。

ユーロ円

LEVEL3

Q3

Aの局面を、あなたならどう分析し、どう行動しますか。

ユーロ円

●日足　2001.07～2001.12

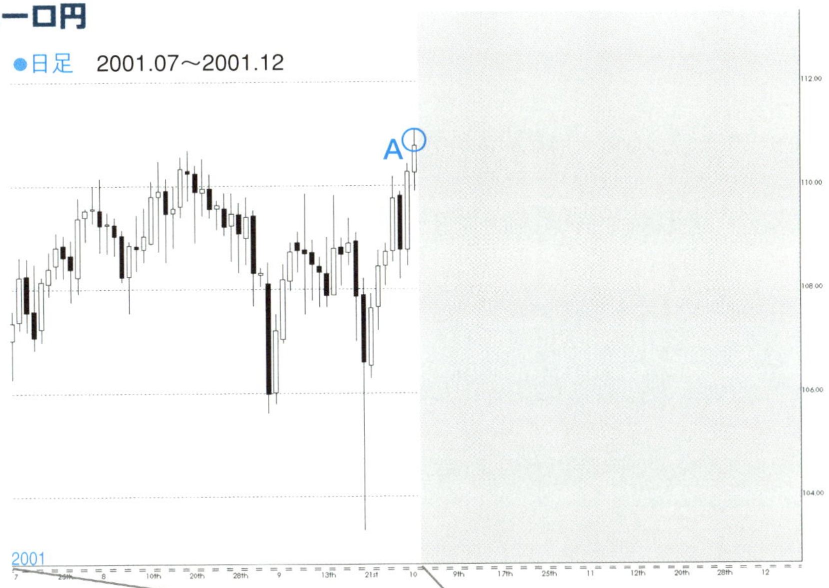

●週足　2000.06～2002.07

LEVEL3

A2

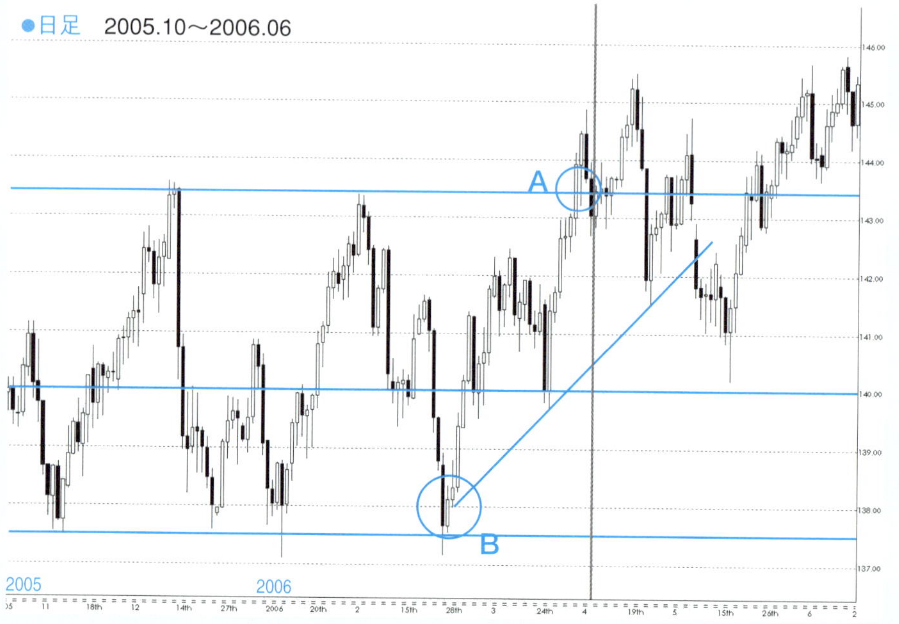

解説

「何を根拠にエントリーしたのか？」

その答えによって、後の行動が変わってきます。問いでは「レンジブレイクと判断したあなたは……」とありますから、ライン内にまた戻ってきた場合は「始めにエントリーした前提が崩れた」と判断して、ポジションを閉じるべきです。

ただ、Bの部分からのトレンドラインや、140円のサポートが堅いことを判断材料にしていれば、必ずしもポジションを閉じる必要はありません。大切なのは、あくまでも、ポジションを持つことにした前提は何かということなのです。

LEVEL3

A3

解説

Aの直前でダブルボトムの形が現れています。しかし日足を見ても、週足を見てもわかることですが、高値圏にいるわけでも、安値圏にいるわけでもなく、中途半端なところで出現したダブルボトムであることがわかります。直近高値のレジスタンスライン①までも近い場所にあり、上昇の余地もそれほどあるとは思えません。よってこのチャートで見られるダブルボトムはそれほど面白いものではないでしょう。ダブルボトムだからといって、それまでの流れを無視してはいけないという、典型的な例です。ここは様子見するのが得策でしょう。

LEVEL3

Q 4-1

Aで買いポジションを持った後、Bまでポジションを維持しています。次はどのように判断しますか？

ドル円

LEVEL3

Q 4-2

Bでブレイクと判断して売りポジションを取りましたが、Cでトレンドの中に戻っていきました。この後どう行動しますか？

ドル円

●日足　2008.03～2008.09
A
B
C
Q4-1
Q4-2
2008
111.00
110.00
109.00
108.00
107.00
106.00
105.00
104.00
103.00
102.00
101.00
100.00
99.00
98.00
97.35
97.00
96.00
95.00
17th 27th 4 18th 30th 5 22nd 6 13th 25th 7 17th 29th 8 20th 9

LEVEL3

A 4-1

解説

トレンドラインの引き方にもよりますが、Bの場面ではかなり高い確率でブレイクをしていることが確認できます。さらに105円のサポートラインも割れています。以上の点から総合的に判断すると、ここはポジションを閉じ、ドテンで売りを仕掛けてよい場面です。

LEVEL3

A 4-2

解説

結果的にBの動きはダマシであったといえます。しかし、これはあくまで結果論。トレンドラインの中に戻ってきたので、まずBで取った売りポジションは閉じましょう。

その後はトレンドラインに入ってきたので買い向かいたいところですが、Aからかなり上昇したことを考えると、これ以上の上昇の余地はあまり感じられません。買う場合は、大きなトレンドを取りにいくというよりも、トレンドラインに沿った相場の上昇に合わせて、「下げたときに買って上げたら利食う」というトレードを繰り返すほうがいいでしょう。

このケースのようなダマシは往々にしてありますが、ダマシに遭ってもめげることなく、「ブレイクしたら流れに乗る」という基本を忘れないことが大切です。

LEVEL3

Q 5

各種ラインを引いたうえで、Aではどのように取引をしたらいいかを考えてみましょう。

ドル円

LEVEL3

Q 6

各種ラインを引き、A、B、Cでのポジションの取り方を考えてみてください。

ユーロドル

LEVEL3
A5

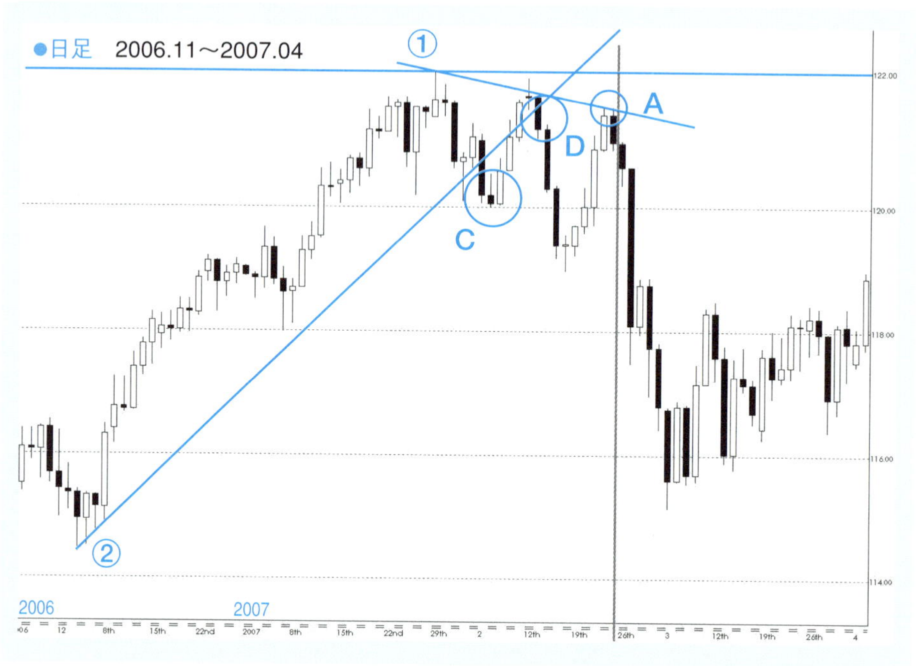

解説

②のトレンドラインをCでブレイクして抜けた後、再び上昇をしていますが、122円近辺で頭を抑えられています。

その後Dで再びブレイクするも、下げ止まって上昇し、再度122円で抑えられています。その結果がAのポイント。

これらを考慮すると、３度目に122円で抑えられた後には下落の可能性が高まっていますので、売りで攻めたい場面です。ライン①で下落の兆候もありますし、週足は高値でもみ合っていることも売りを支援しています。実際、この後、急激な下落となりました。

LEVEL3
A6

解説

長期を見ると、上昇した後にもみ合っている状況であることがわかります。それを踏まえて日足のチャートを見てみましょう。

日足のチャートでは複数のトレンドラインを引くことができます。またA、B地点でブレイクをしている可能性が考えられます。結果的にAはダマシでしたが、長期でもみ合っていることを考えると、ブレイクの確率があるなら、勝負したい場面です。

また、Bのブレイクで買いポジションを取った場合、Cでいくらか下落をしますが、下に引かれたトレンドラインから大分離れていますから、ここは買いポジションをキープすべきでしょう。

いかがでしたでしょうか？

先にご説明したチャートパターンが、具体的にどのように現れるのかがご理解いただけたと思います。

問題は、一度解いて終わりとするのではなく、期間をおいて繰り返し解いてみてください。何度も解くことで、どこにラインをひけばいいのか、どこで勝負をかければいいのか、という勘所がわかるようになり、確実にチャート分析力が身についていくはずです。

次章では、同じように実際のチャートを見ながら、売買時の判断力を鍛えていきましょう。

Chapter 5

売買の勘が身につく20問

仮想売買に チャレンジしてみよう！

ポジションを持ったつもりで挑戦する

前章では、様々な問題を解いてもらいました。異なるタイプのチャートパターンに数多くあたることで、どの場面でどう行動すればいいのかが、何となくつかめてきたのではないでしょうか。

ただ、これまでの問題は、相場の単純な予測でしたから、実際のトレードの際に感じるような“緊張感”があまりなかったかもしれません。そこで本章では、実際にポジションを持ったと仮定し、どのように「損切り」や「利食い」をすればいいのかを考えながら、問題に答えていただきます。

問題を解くときは、「身銭を切って勝負をしているんだ」という感覚を忘れないでください。本当の勝負だと意識しながら問題を解くことで、チャートを読み解く力が着実に身についていくはずです。

なお、問題は、ポンド円と豪ドル円をそれぞれ１年間売買したという前提になっています。期間はあえて、ここでは明らかにしません。

豪ドルとポンドの特徴

ポンド円と豪ドル円を選んだ理由は２つあります。ひとつは、日本人にとって比較的なじみのある通貨ペアであること。もうひとつは、にもかかわらず、ドル円やユーロ円ほどメジャーではないということ。

なるべく知らないチャートを見ることで、相場の先を見る実践的な力をつけていただきたいと考えました。出題チャートの期間をあえて伏せているのも同じ理由です。

では、ポンド円と豪ドル円、それぞれの特徴を簡単にご紹介しましょう。

ポンドは個人投資家には「よく動く通貨」として人気がありますが、これは大きな誤解です。ポンド円の価格は、最近でこそユーロにかなり近づいてきましたが、以前は250円台ということもありました。これはドル円の相場が100円前後だとすると、実に２倍以上です。

もしドルが100円であれば、１％の上昇で101円になります。しかし、ポンド円が250円であれば、１％の上昇では252円50銭。つまり２円50銭も動いたことになるのです。

このように分母が大きいと、その分大きく動いたように見えますが、変動率という面ではそれほど他の通貨と変わらないのです。

一方、豪ドルは、高金利通貨として知られており、日本の個人投資家に人気があります。ただ、2008年の大幅利下げで、豪ドルの金利はかなり下がり、豪ドル円の価格も大きく下落しました（それでも日本の金利と比べれば、比較的高めですが）。これから豪ドル円のトレードに挑戦しようという人は、そういった面にも気を付けながら取引をしてみてください。

なお、この章では、問題をレベル順に並べることはしていません。また、Chapter 4のように、チャートパターンに関係のある部分から出題しているわけでもありません。

トレードをしていれば、「今、ポジションを持つべきか否か？」を即座に判断しなければならないことがあります。そういった場面では、チャートパターンとは無関係の局面でも正しい判断を下すことが求められます。ですから、できるだけ実際の取引に近い感覚で問題にチャレンジしていただきたいのです。

もしかすると、Chapter 4と違って、問題が解きにくいと感じるかもしれません。しかし、そういうときこそ、どのような判断が正解なのかをじっくり考えていただきたいと思います。

それでは、問題を解いてみましょう。

最初の10問が豪ドル円、残りの10問がポンド円の問題です。

1Q

Qの地点（11月15日／56円65銭）で、あなたならどうしますか？　ポジションを取る場合は損切り（利食い）のポイントも考えてください。

・買う　・見送る　・売る

豪ドル円

Q 2

Q1であなたは買いポジションを取りました。Qの地点（11月28日／57円56銭）で、あなたならどうしますか？

・買いキープ　・利食いでスクエア　・ドテンで売り

豪ドル円

A1

【正解】○見送る　△買う　×売る

解説

日足、週足どちらを見ても、かなり安値に来ていることがわかります。そのうえ、56円より下がサポートラインとして働いて、下支えされています。

また、下落スピードも鈍くなっています。売りは適切ではないでしょう。結果を見れば58円まで上昇しているので買うべきだったといえますが、問題の15日の段階では決定的な買い材料に乏しいため、見送っていい場面です。

安値であることを理由に買うこともできますが、きっかけがまだ見えていないので、買う場合は金額を抑えましょう。

その際の損切りの目安は10月18日安値の55円54銭になります。

A2

【正解】○買いキープ　△利食いでスクエア　×ドテンで売り

解説

11月22日に大きく上昇し、週足を見ても前週と比べて頭ひとつ飛び出したことがわかります。58円より上のレジスタンスライン①で頭を抑えられているとはいえ、かなりの安値圏にいますから、まだ十分上昇の余地があります。ここはグッと我慢して買いポジションをキープしたいところです。

利食いはまだお勧めできません。何のサインも出ていないので、売る場面ともいえないでしょう。

よく見れば、57円より上で②のサポートラインができつつあると捉えることもできます。そのため、下値が堅いと考えて、買い増しもアリでしょう。

Q3

Q1で取った買いポジションをキープしています。Qの地点（12月11日／60円00銭）で、あなたならどうしますか？

・買いキープ　・利食いでスクエア　・ドテンで売り

豪ドル円

Q4

Q1の買いポジションをまだキープしています。Qの地点（1月8日／66円02銭）で、あなたならどうしますか？

・買い増し　・買いキープ　・ドテンで売り

豪ドル円

A3

【正解】○買いキープ　△利食いでスクエア　×ドテンで売り

解説

結果的に上昇しましたが、上昇中のもみ合いという悩ましい場面です。

ただ、考え方は基本的にQ２と変わりません。週足を見ても依然上昇中ですし、問題の12月11日には下落していますが、これも上昇の流れを崩してしまうほどの下落とはいえません。ひとまずは、12月４日の59円58銭辺りが下値の目安と見て、その少し下、59円20銭～30銭辺りに損切り注文をずらし、ここはひたすらキープしてください。

ただ、比較的上昇してきているので、その分下落リスクは徐々に高まっています。その後の値動きに用心したい局面です。

A4

【正解】○買いキープ　△ドテンで売り　×買い増し

解説

この後の結果から見れば、ドテンすることが望ましかったといえます。

ただ、それはあくまで結果論。この時点で下落を予想することは難しかったでしょう。唯一シグナルが出ているとすれば、4日のローソク足の上昇が65円のラインを上に抜けたこと。かなり急で、暴騰・暴落のパターンに似ています。

まだ上昇する可能性も捨て切れませんから、ここは買いをキープしながら、下落の可能性を少し意識し、損切り注文を入れるなどして備えておくという戦略がベターでしょう。これだけ急伸している状況で、買い増しはお勧めできません。

Q 5

Qの地点（2月28日／61円78銭）で、どう動きますか？

・買う　・見送る　・売る

豪ドル円

Q 6

Qの地点（3月14日／59円94銭）で、どう動きますか？

・買う　・見送る　・売る

豪ドル円

A5

【正解】○買う　△見送る　×売る

解説

②のサポートラインで下支えがあり、①のレジスタンスラインを見事にブレイクしています。積極的に買っていきましょう。

しかし、その後のチャートを見ると、急上昇した後で急速に戻しています。このように急上昇したときは、損切り注文をすぐに自分がエントリーした水準まで引き上げて、損をしないようにすることが重要です。

この問題は、見通し自体は正しくても、状況が急変するために利益をうまく残せないことがあるという良い例です。それでも負けないポジションの取り方を心がけましょう。

A6

【正解】○売る　△見送る　×買う

解説

直近安値である②を抜け、さらに重要な60円のサポートラインを割り込みました。すぐに売りで攻めたいところです。ただ、週足ではかなり安値圏にいますし、60円の抜け方が弱いので戻す可能性も否定できません。

Qの時点の判断としては売りが正解ですが、その翌日の行動が重要になります。翌日は戻りが鈍いので、もう１日くらい様子見するのもありですが、その後も上昇していますから、ライン②をブレイクしたという判断は誤りだったと認め、すぐに損切りをする必要があります。

３月３日、５日の高値でライン③が形成され、レジスタンスになりそうですから、Qで損切りした後なら、60～63でのレンジディールもひとつの手です。

Q 7

Qの地点（4月13日／63円27銭）で、どう動きますか？
・買う　・見送る　・売る

豪ドル円

Q 8

Qの地点（7月20日／62円22銭）で、どう動きますか？

・買う　・見送る　・売る

豪ドル円

A7

【正解】○買う　△見送る　×売る

解説

63円より少し上のレジスタンスライン①を超えてきていますから、買いのチャンスでしょう。

ただ、4日後の4月17日には急落をしているので、この動きがダマシであったということがわかります。すぐに損切りをすべきです。

ちなみにQ6で「1日様子を見る」という対応をしたので、今回も同じように考えた人がいるかもしれません。様子を見るのは、ブレイクであったことを認めないということではなく、ダマシかどうかがわかりにくい小さな戻しであったために、様子を見たいという意図でした。したがって、今回のような急落するケースでは、素早い損切りが必要です。

A8

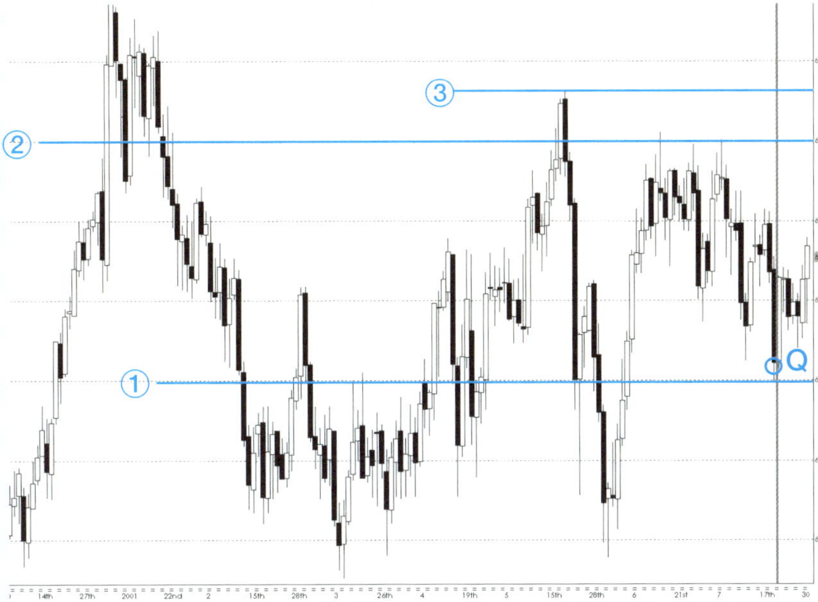

【正解】○見送る　△売る　×買う

解説

レンジに入り込んでいますから、何もできない場面です。

ただ、次の展開を考えておくことはできます。重要なのは、翌日に急速に戻している動きです。このことから、62円が底になる可能性を意識することができます。これが意識できれば、62円からライン②の65円辺り（もう少し上昇した場合は③のレジスタンスライン）のレンジと判断して、レンジ売買を仕掛けることも、ひとつの戦略です。

Q 9

Qの地点（9月12日／61円77銭）で、どう動きますか？

・買う　・見送る　・売る

豪ドル円

Q 10

Qの地点（9月24日／57円71銭）で、どう動きますか？
・買う　・見送る　・売る

豪ドル円

A9

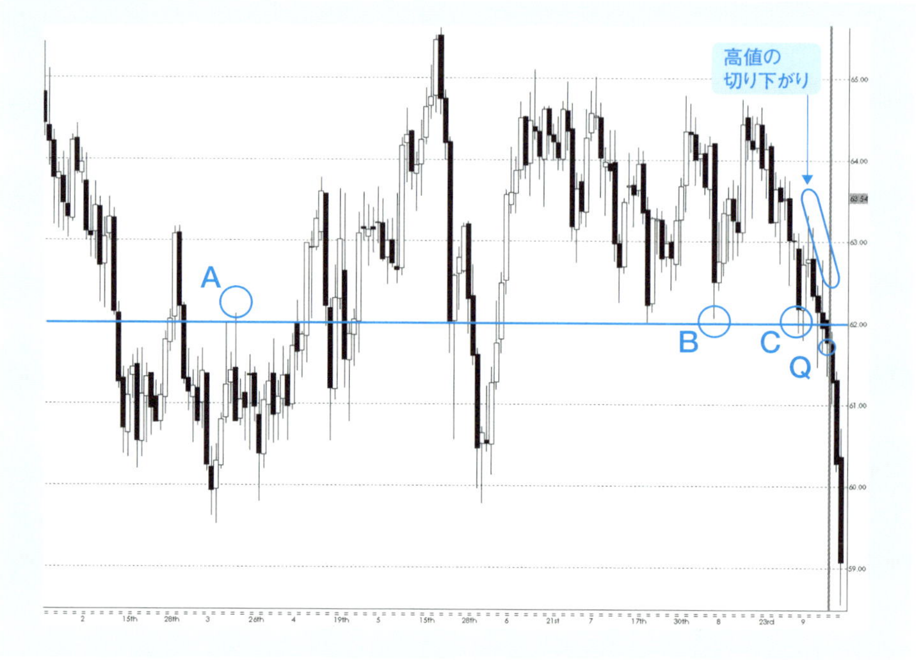

【正解】○売る　△見送る　×買う

解説

非常に明確な62円のブレイクアウトです。また、若干変則的ではありますが、高値の切り下がりも確認できます。ここでは先ほどのQ８での62円のサポートライン①をしっかり頭に入れておけたかどうかが生きてきます。

62円はA、B、Cと何度もサポートされていますから、強い力が働いていると判断できます。それを高値の切り下がりを伴いながら抜けてきたとなれば、これは絶好の売り場でしょう。大きく勝負してほしいところです。

A10

【正解】○買う　△見送る　×売る

解説

急落から急上昇する暴騰・暴落のパターンが見事に出現しています。

反転が確認できたということで買いで攻めましょう。ただ、ここまでしっかり下落しているので全力買いは危険です。そして、買った場合は必ず損切り注文を入れるなどして、一段安になる可能性には十分気をつけてください。うまくやる自信がなければ、ここは静観してもいいでしょう。

ここまでかなり下げていますし、最後の下げはスピードが非常に上がっていますから、ここからさらに下がる可能性は低くなっています。売りで攻めるのは利益に結びつきそうにありません。

Q 11

Qの地点（7月7日／194円77銭）で、どう動きますか？ポジションを取る場合は損切り（利食い）のポイントも考えてください。

・買う　・見送る　・売る

ポンド円

Q 12

Qの地点（8月7日／192円55銭）で、どう動きますか？
損切りポイントも考えてみましょう。

・買う　・売る　・見送る

ポンド円

A11

【正解】○売る　△見送る　×買う

解説

まず週足から確認してみると、2001年からかなり上昇してきていることがわかるでしょう。日足では、198円を超えた辺りの①で高値をつけ、その後下がっています。そして、195円辺りで②のサポートラインを抜け、③のトレンドラインをQの地点で勢いよく下に抜けていることが確認できます。

これらを総合して考えると、Qでは果敢に売りで攻めたいところです。

利食いの目安は一度もみ合っているX、Y辺りです。ただ、基本は、極力利益を大きくすることです。損切りは、②と③、どちらのブレイクを重視するかにもよりますが、②のブレイクを重視するなら、195円より少し上に設定するのが妥当でしょう。

A 12

【正解】○売る　△見送る　×買う

解説

まず②の高値です。これだけを見てもよくわかりませんが、①、①′と比べてみると、高値が下がっていることがわかります。

ここが非常に重要で、このチャートを逆さにすると、「ダブルボトム」の形になっているのです。さらに、ダブルボトムでも、２度目のボトムが１度目より高い（この場合は低い）場所に位置していて、より上昇（この場合は下落）の可能性が高いパターンです。

高値の切り下がりも確認できますから、ここから下落していく可能性は高いといえるでしょう。

13

180円を底にして、上昇しているように見えます。Qの地点（10月15日／182円68銭）で、あなたならどうしますか？

・買う　・見送る　・売る

ポンド円

Q14

Q13では悩んだ末にポジションを取りませんでしたが、再び同じような水準に戻ってきました。Qの地点（11月13日／182円37銭）で、あなたならどうしますか？

・買う　・様子見　・売る

ポンド円

A13

【正解】○見送る　△買う　×売る

解説

非常に悩ましい局面です。上昇している一方、週足を見ると下落していることがわかるからです。また日足のほうでは、①、②、③と高値が段々と切り下がっていることが確認できます。④を下に抜けたことで売りが強まっていると判断できますから、ここまで見ると「売り」が正解のように見えます。

しかし、ひとつ問題になってくるのが、⑤でダブルボトムが形成されていること。２度目の⑤のほうが低い位置のため、さらに下落する可能性を捨て切れませんが、ここまでかなり下げているので反発も考えられます。

このような難しい場面では「下手に手を出さずに、確実な動きを待つ」と割り切って様子見をするのが無難でしょう。

A 14

【正解】○買う　△様子見　×売る

解説

Q13と同水準でありながら、この時点では状況が大分変わってきています。

週足や日足を見てみると、180円辺りで下値が支えられていますし、結果論ではありますが、ボトムがトリプルボトムになっています。Qの地点でも反発の兆しがあるので、ここは買ってみていいでしょう。

さらに④のトレンドラインを抜けたところでは、より一層の上昇を考え、買い増したいところです。

Q 15

Q14で買いポジションを取り、キープしてきました。Qの地点（12月17日／189円53銭）でどう動きますか？

・買い増し　・様子見　・利食いでスクエア

ポンド円

Q 16

Q14で買いポジションを取った後、ここまで買いポジションをキープしてきました。Qの地点（1月16日／191円81銭）で、あなたならどうしますか？

・買う　・利食いでスクエア　・ドテンで売る

ポンド円

A 15

【正解】○様子見　△買い増し　×利食いでスクエア

解説

①のラインを抜けてきたことから上昇圧力の強さを感じます。Qの時点でポジションを閉じることが適切でないことがすぐにわかるでしょう。

問題は、ここで買い増すか否か。②の短めのラインを抜けてきたとも考えられるので、まだ上昇の余地はありそうです。

しかし、気を付けてほしいのは、ポジションを取ったのがQ14の地点ということ。7円近く上昇してきており、これはかなり上昇した状態ですから、さらに買い増すことはお勧めしません。

A 16

【正解】○ドテンで売る　△利食いでスクエア　×買う

解説

週足を見てみると、高値圏で上値が抑えられていることが明確にわかります。日足では、①で高値が切り下がってきていることがわかるでしょう。

また、途中から②のトレンドラインから離れて、急激に上昇しています。その末の下落ということで、ここはかなり売り圧力が強い場面です。②のトレンドラインを割り込んでいることも売り材料です。

これだけサインが明確な場面ですから、ここでは「売り」で仕掛けましょう。

利食いをするならQの地点よりも早めのほうが良いです。Qの地点は高値が切り下がって6日目にあたるからです。4日目くらいで一度ポジションを閉じ、Qの地点で売りで仕掛けるというのが、より良い勝負の仕方でしょう。

17

Qの地点（3月10日／199円98銭）で、どう動きますか？

・買う　・見送る　・売る

ポンド円

Q18

Q17で取得した売りポジションをキープしてきました。
Qの地点（3月22日／197円21銭）で、どう動きますか？

・ドテンで買い　・売りをキープ　・売りを積み増し

ポンド円

A 17

【正解】○売る　△見送る　×買う

解説

①のトレンドラインを下に抜けているということもありますが、何よりも高値圏からの急落という動きが、この地点での最大の売り材料になります。特にそのことが週足を見ると非常に顕著に現れています。高値の切り下がりもありますし、ここは大きく勝負しましょう。この問題のようなわかりやすいところで大きく勝負できるかどうかが、利益を生むためには必要になってきます。

損切りのめどはQの日（３月10日）の始値（204円の少し手前辺り）が妥当。

ここであれば、①のトレンドラインより上にチャートが戻ってしまったとしても、しっかりと対応できます。

A18

【正解】○売りを積み増し　△売りをキープ　×ドテンで買い

解説

週足を見ると下落の真っ只中にあることがわかります。日足を見ても下げ足が鈍っているとはいえ、明確な反転というわけではないので、ドテン買いという選択肢はなさそうです。①の198円近辺がレジスタンスになっていることからも、ここを抜けるまでは売りをキープしていいと判断できるでしょう。

さらに、ここで積み増すかどうか、です。問題はQ17での売りポジションとなっています。これが200円近辺でしたから、Qまではそれほど離れていません。積み増しをしても、その後も勝負していけそうです。「勝負できそうなところでは、損失を限定して勝負していく」という戦略が望ましいことが確認できる問題でした。

19

Qの地点（4月19日／196円05銭）で、どう動きますか？

・買う　・見送る　・売る

ポンド円

Q 20

Qの地点（5月7日／200円60銭）で、どう動きますか？

・買う　・見送る　・売る

ポンド円

A19

【正解】○買う　△見送る　×売る

解説

①のブレイクを材料に買っていくのがいいでしょう。しかし、その後のチャートを見ると、すぐに下げてしまっています。

実は重要になるのはこの後の対応なのです。

②で上値を抑えられながらも、①のブレイクを材料に買っていますから、やはりQの翌日には損切りをするのが望ましいと思います。その後の動きをしばらく見てみると、少しずつ底値が上がってきていることがわかります（③→④）。Qで買った後に一度損切りをしたとしても、上昇しそうな気配があるということだけは意識しておいたほうがいいでしょう。

A20

【正解】○買う　△見送る　×売る

解説

底値が②、③、④と徐々に上昇していることが確認できます。

また、上値を抑えられるような形だった①を抜け、一層の上昇が期待できます。⑤を超えたことも上昇に勢いがある証拠です。

Qで買った場合の懸念点はストップロスの位置でしょう。⑤の198円ちょうどに置いておくと、Q地点の3日後にストップロスがついてしまいます。ただ、すぐに戻していることを考えると、これはダマシであったという判断になりそうです。

このような例もありますから、ストップロスはブレイクした地点に置くのではなく、少し離しておくことをお勧めします。

いかがでしたか？

利益を残せた人、残せなかった人、様々だったと思います。

最初にお知らせしておくと、ここで取り上げたチャートは、豪ドル円が2000年４月から2001年９月までのもの、ポンド円が2001年11月から2004年５月までのものでした。

難しいと思った人も、決して落胆しないでください。利益を残すコツは、「売買しますか？」と問われたときに、よほど自信があるか、自分の判断が絶対に正しいと思えるような場合以外は売買をしないことです。

さらに、今回の問題には、チャートパターンを正しく読み解いても、正解にならないような問題もありました。「そんなの、ひっかけ問題じゃないか！」と思われるかもしれません。しかし、実際の相場は似たようなものです。チャートパターンを正しく読み取れば、予測した通りの結果が出て、必ず儲かる……などという話はありません。

世間では、「絶対儲かる！　FXのマル秘テクニック」などというタイトルで宣伝をしている情報商材がありますが、世の中に「絶対儲かる」という方法などないのです。

それでも、ここまで本書を読み進めてきた皆さんは、より多くの利益を残すことができるはずです。それは、正しくチャートを読み解き、ポジションを正しく取り、正しく損切りをするという基本スタンスが身についているからです。このスタンスを常に守ってさえいれば、利益をしっかりと残せるようになるのです。

Chapter 6

移動平均線の見方をマスターする10問

移動平均線の見方を知ろう

チャート分析とテクニカル分析

ここでは、移動平均線を使った分析手法をご紹介します。

「移動平均線」とは、テクニカル分析の一種です。テクニカル分析とは、これまで見てきたチャート分析と同様、過去のデータをもとに将来の相場の動向を予測するテクニックのこと。ただし、テクニカル分析とチャート分析は、データをどのような形で分析するかという点において違いがあります。

チャート分析が、価格と時間、そこからつくり出される視覚的パターンなどから将来の動向を読むのに対し、テクニカル分析は、様々な計算式に価格を当てはめ、そこから出た値を相場予測に利用します。

テクニカル分析には、「移動平均線」を使ったもの以外にもいくつかの手法がありますが、詳細を説明するのは本書の趣旨とは異なりますので、今回は最もシンプルな「移動平均線」のみを取り上げることにしました。

移動平均線は一定期間の平均価格

「移動平均線」は、ある一定期間の値動きの平均値を記録したもので、他のテクニカル分析の計算にも利用される最もポピュラーなものです。

計算方法は、前日の終値から過去N日間の終値の合計をNで割ったもの。例えば、5日移動平均であれば、昨日の終値から5日間さかのぼってその合計を5で割るということです。

平均線ですから、その値はN日間の標準的なレートであると考えられており、それだけに市場参加者が最も注目する数字となっています。

為替相場で注目されるのは、25日移動平均線、90日移動平均線、200日移動平均線などが一般的ですが、なかには、さらに短い時間軸の「5日移動平均線」というものもあります。デイトレであれば短い時間軸、長期取引であれば長い時間軸というように、トレードスタイルによって参考にする線を変えます。スイングトレードであれば、ここでご紹介した25、90、200日の移動平均線を見ておけば問題ないでしょう。

移動平均線はどう使うのか

では、移動平均線を使って、どのように相場の動向を予測するのでしょうか？

まず注目すべき点は、ローソク足が移動平均線より上にあるのか、下にあるのかということ。ローソク足が移動平均線より上にあれば、その時点での相場が平均値よりも高い位置にあることになり、上昇基調である（上昇のトレンドがきている）可能性が高いと考えられます。逆に、ローソク足より下にあれば、下落基調（下落のトレンドがきている）の可能性が高いと考えられるわけです。

図6-1 チャートと移動平均線の関係

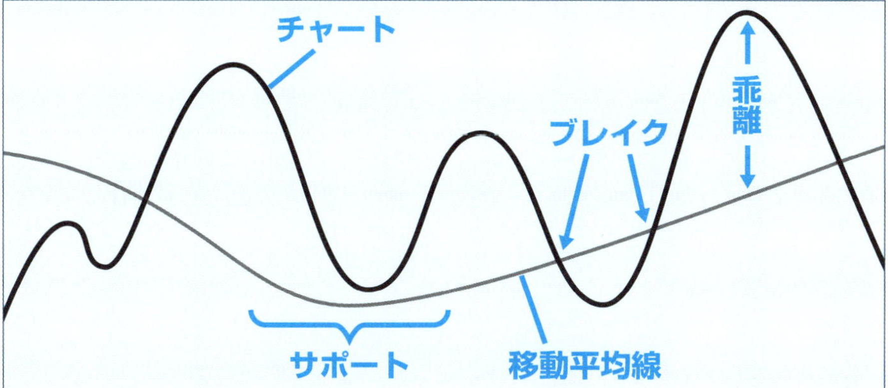

チャートと移動平均線が大きく離れると、両者が接近しようとする傾向がある。

また、移動平均線は各種ラインと同じ役割を果たすことがあります。つまり、チャートが移動平均線を抜けたらレンジをブレイクしたと見なされるのです。

ただ、移動平均線を抜けたからといって、すぐにブレイクしたのだと決めつけてはいけません。例えば、移動平均線を挟んでローソク足が行ったり来たりする動きは、方向感がなくなっていることの表れ。こういう場合はレンジ相場となっていると考えられるので注意してください。

ゴールデンクロスとデッドクロス

それではここで、移動平均線を使ったゴールデンクロス、デッドクロスという予測方法をご紹介しましょう。

ゴールデンクロスとは、短期の移動平均線が長期の移動平均線を下から上に抜けていく動きを表したもの。例えば25日と90日の移動平均線を描画して、25日の移動平均線が90日の移動平均線を下から上に抜けていく場合がこれにあたります。反対に、短期の移動平均線が長期の移動平均線を上から下に抜けていく動きがデッドクロス。一般的に、ゴールデンクロスは買いのサイン、デッドクロスは売りのサインと考えられています。

ただし、この2つのサインだけを判断材料に売買をしても、利益を出すことはそう簡単にはできません。そのため、この後の問題では、ゴールデンクロスやデッドクロスを扱う問題は用意していません。

それでも、「ゴールデンクロスしているから買い圧力が強そうだ」「デッドクロスしたから、そろそろ売ることを考えておこう」というように、相場を見通す材料のひとつとしてなら有効に機能します。決定打にこそならないものの、信頼性の高い手がかりにはなり得るのです。

移動平均乖離率

さらに上級テクニックとして、移動平均線とローソク足との乖離率を見

図6-2 ゴールデンクロスとデッドクロス

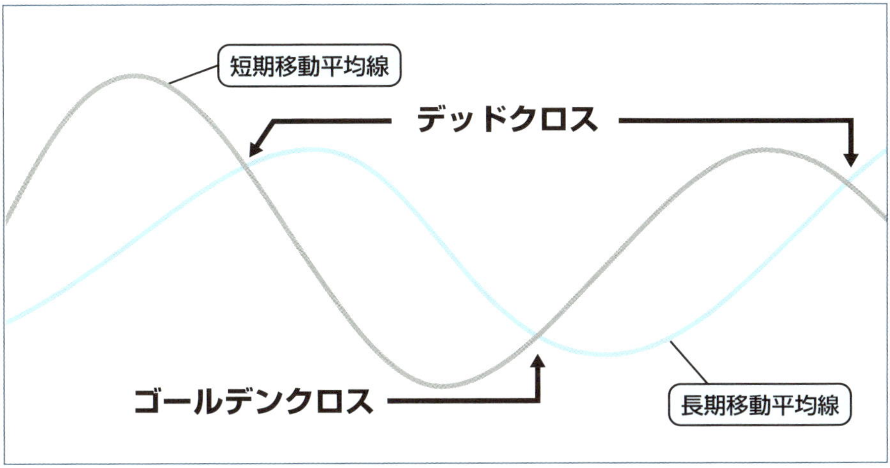

る方法があります。移動平均線は、特定の期間内での標準的な価格レートだと述べました。そのレートから、価格が大きく離れてしまうことがあります。それがどれだけ離れているのかを見るのが「移動平均乖離率」です。

私の経験では、25日移動平均線は4％、90日移動平均線は5～7％、200日移動平均線は8％以上離れると、ローソク足が移動平均線に接近することが多くなるように思います。

ただし、この法則も絶対ではありません。離れたからといっても、ローソク足が必ず移動平均線に向かっていくわけではないのです。ローソク足自体はあまり動かずに、移動平均線のほうが近づいてくることもあります。

したがって、離れているからすぐに近づくだろうとは思い込まずに、他の要素も参考にしながら総合的に予測する必要があるでしょう。これも前述のゴールデンクロス・デッドクロスのように"決定打"となるものではありませんが、相場の判断材料のひとつとしては有効です。

それでは、問題に挑戦してみましょう。出題チャートには、Chapter 4と同じ理由で、ドル円、ユーロドル、ユーロ円の通貨ペアを採用しています。また、判断材料としての移動平均線を絞るため、各チャートには、25日移動平均線だけを入れています。

Q1

各種ラインを引いてみてください。そのうえで、25日移動平均線を見ながら、今後どう動けばいいかを考えてみましょう。

ドル円

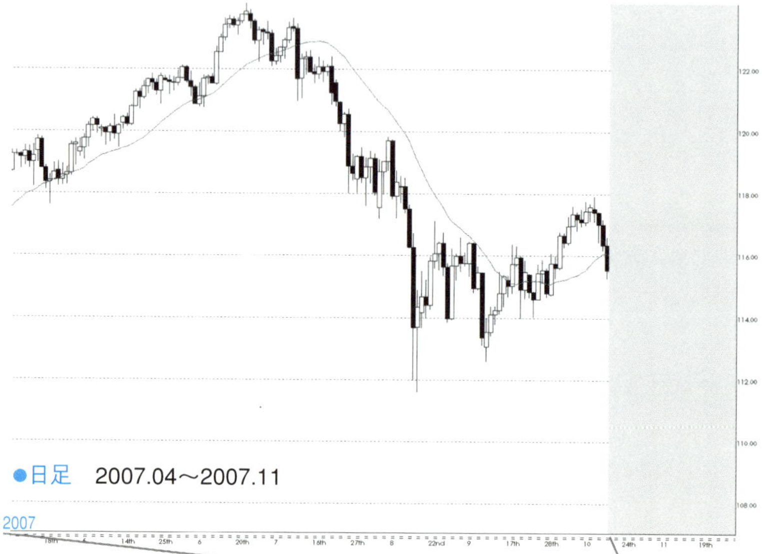

●日足　2007.04～2007.11

●週足　2005.08～2007.12

Q 2

このチャート上で、特に移動平均線が重要な動きをしている部分を、挙げてください。

ドル円

A1

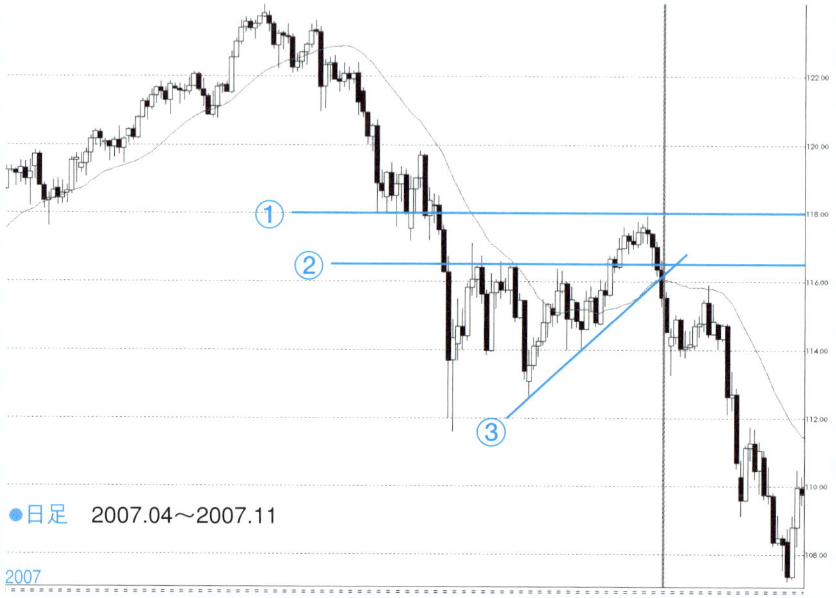

解説

まず、グレーの部分の手前で明確に移動平均線を下に抜けていることがわかります。長めの陰線を伴っていますから、比較的売り圧力が強いと考えていい場面でしょう。

ただ、さすがにこれだけで売りだと断定するのは難しいので、その他の補助材料を探すことになります。まずは①のレジスタンスライン。ここで上値を抑えられて、下げ始めていることが確認できます。

また、②のサポートラインと③のトレンドライン、そして25日移動平均線が見事に一致したところで下に抜けていることがわかります。これらを総合して考えると、ここでは売りで仕掛けるのが良いと判断できそうです。

A2

解説

移動平均線が重要な動きをしているポイントは、全部で4カ所です。

まずは、一番左の①地点。ここは見ての通り、上値が抑えられています。②地点はチャートが上に抜けた後、やはり下を支えられているのでわかりやすいところです。③地点はレンジでもみ合い、その下値を移動平均線が支えていました。それをはっきりとブレイクしたということで、重要な点です。

最後の④は、チャートが移動平均線を何度も抜けようとしながらも、終値ではすべて移動平均線を上回っているということで、底値が堅いことを感じさせる場所です。

3-1 Q

チャートと移動平均線の関係から、Aの状態をどのように考えますか。

ドル円

3-2

Bの状態をどのように考えますか？　また、Cの地点で長い陽線が見えます。あなたならどうしますか？

ドル円

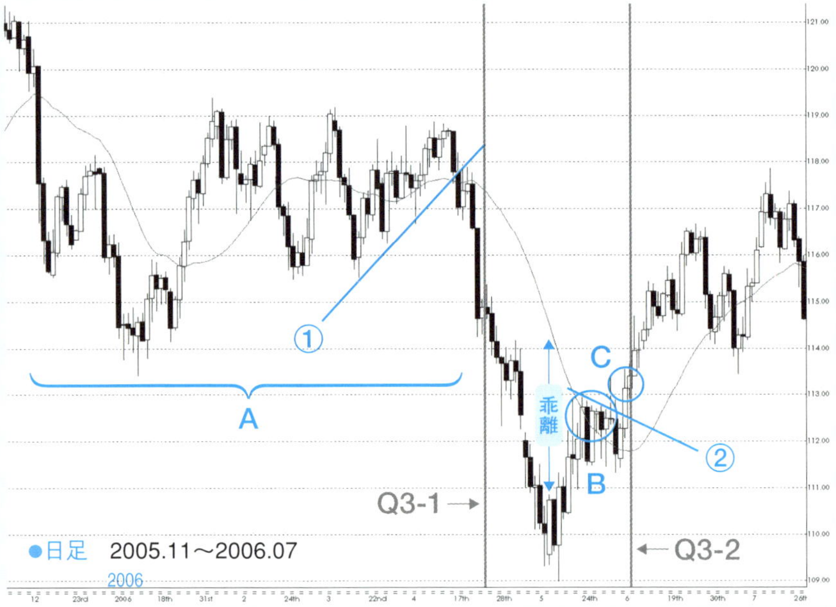
A
①
②
乖離
B
C
Q3-1
Q3-2
●日足　2005.11～2006.07
2006

A 3-1

解説

チャートが移動平均線を何度も上へ下へと抜けています。このことから、相場に方向感がないことがわかります。移動平均線のブレイクに対する信頼度が著しく低下しているといえるでしょう。

ただ、注意して見ておきたいことは、段々とチャートの幅が狭くなる、ペナントのような形になっていること。そして、それに合わせて移動平均線の動きも鈍くなっているということです。この動きから、そろそろブレイクするであろうことが読み取れます。短めのトレンドラインとして①が引かれますから、このラインや移動平均線を使って先行きを判断しましょう。

A 3-2

解説

少し前に大きく下落していますから、B地点は反発の途中であることがわかります。それまでローソク足と移動平均線が大分離れていましたから、戻す動きが起きたと考えられるでしょう。

Bではもみ合いになって方向感がなくなりました。チャートと移動平均線が毎日重なり合っていることからも、方向感が乏しいことが読み取れます。今まさに、上に行くか下に行くか迷っているところといえそうです。

その後、Cのローソク足が移動平均線から離れて上昇していますから、ここは比較的わかりやすい上昇への転換と判断できるでしょう。補助として②のトレンドラインを引いてみても、ラインを抜けて上昇に向かっていることがわかります。

Q4

サポートラインを意識しながら、移動平均線とチャートの関係を考えてみましょう。

ユーロ円

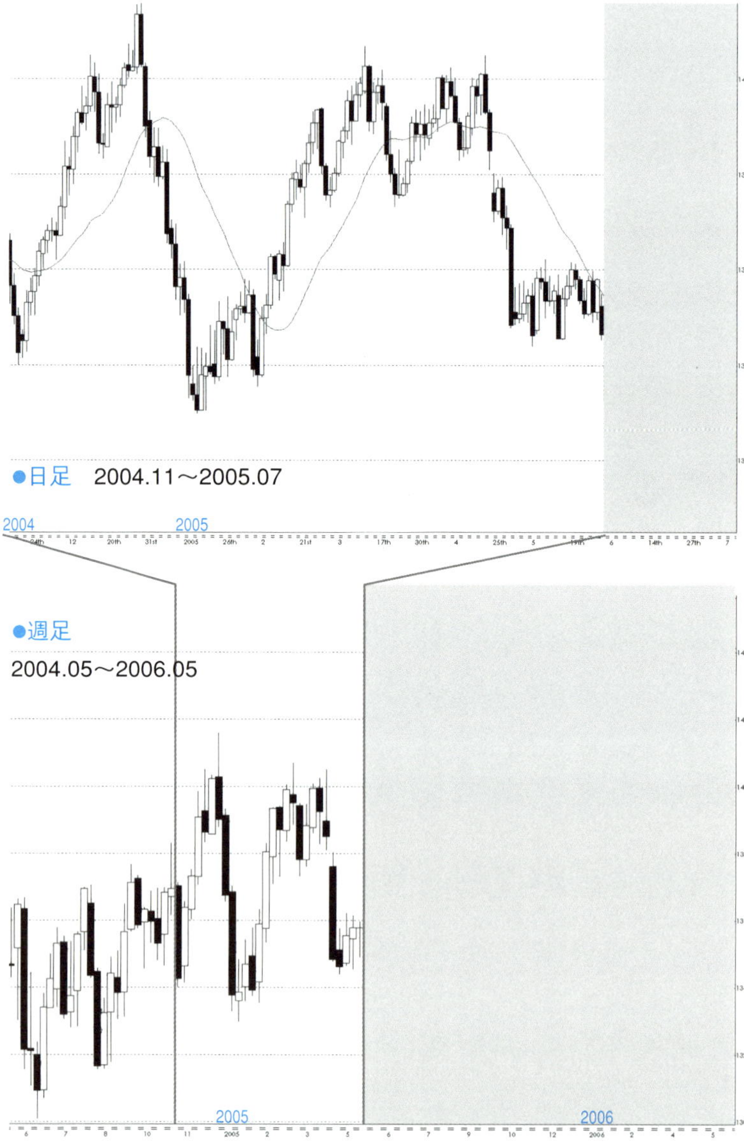

Q 5

グレー部分の直前を見ると、連続で陰線が出ています。この後の動きをどう予測しますか？

ユーロ円

A4

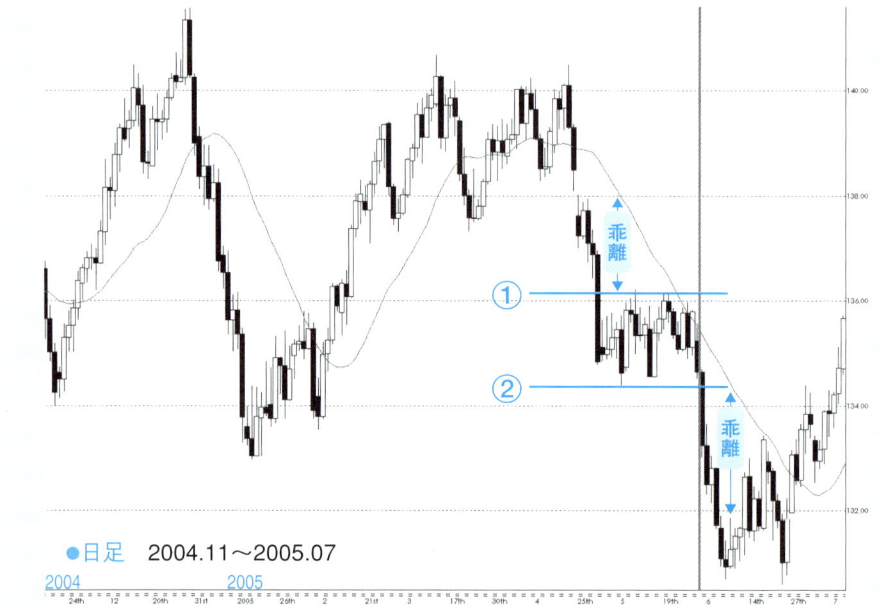

解説

まず、①と②にそれぞれラインが引けることがわかります。ここから移動平均線を見ていくわけですが、グレー部分の直前でチャートと移動平均線が接した後、すぐにチャートがズルズルと下げています。

その後の動きを見ると、それまで大きく離れていたチャートと移動平均線が、再度接触していくのが確認できます。実はこれは、乖離が起こったため、チャートが移動平均線に近づいているのです。同様の現象は、グレー部分より前にも見られますが、冒頭でご説明した「チャートと移動平均線が一定以上離れると、また接近する」という現象が確認できる場面です。

もちろんこれだけで次の売買を判断するのは難しいのですが、移動平均線とチャートが離れた段階で、この先の動きには注意したほうがいいと考えるべきでしょう。

A5

解説

陰線で下げてきているので、ここで買うのは危険でしょう。しかし132円の下にサポートラインがあると考えられますし、翌日には移動平均線でも支えられていることが確認できます。さらに移動平均線が上に向かっていますので、これらを総合すると、この地点では下値を支えられていると考えるのが妥当です。

ただ、繰り返しになりますが、下げている真っ最中に買うことは適切ではありません。下げ止まりを確認してからにしましょう。そういった意味では、ここは「下げ止まる可能性が高まっている段階」だと判断できます。事実、この後では上昇が始まっています。

6-1 移動平均線に下支えされているように見えます。この後、どう動くと思いますか？

ユーロドル

6-2 Q

長い陰線が出ています。この状況をあなたならどう判断しますか。その後の行動も考えてみましょう。

ユーロドル

●日足　2004.08～2005.02
①
Q6-1
Q6-2
2004
2005

A6-1

解説

問題文で指摘されている通り、移動平均線に下値を支えられていると判断していいでしょう。また、1.32がサポートラインになっているようにも見えます。移動平均線が上に向かっていることを考慮すると、下がることはないだろうと考えられます。

ただ、ここまでかなり上昇してきていることを考えると、下値が支えられているからといって、積極的に買っていくことには少し慎重にならなければいけません。

買いポジションを持っていればそのままキープし、持っていなければ様子を見る、というのが適切な判断でしょう。

A6-2

解説

非常に素直な動きですので、移動平均線のブレイクに沿って、売りで攻めたいところです。

特にこの問題の場合、移動平均線で何度も下値が支えられています。ラインと同じように何度も支えられる動きになると、一層市場参加者の注目度が高まり、抜けたときの動きも大きくなります。

ブレイクはもちろん、①のトレンドラインの割り込みや、週足からかなり高値に来ていることなどが読み取れますから、売りが適している場面です。

高値の切り下がりも見られますから、売りで仕掛ける材料がしっかりそろっているといえるでしょう。

Q7 あまり方向感がなくなっているように見えるチャートです。この後の動きをどう予測しますか？

ユーロドル

Q 8

チャートが移動平均線を上に抜けてきました。
あなたならここでどんな判断を下しますか？

ユーロドル

A7

解説

「予想しようがない」というのが正直なところです。ただ、それでは元も子もありませんから、ここから判断できることを考えてみましょう。

まずいえることは、チャートと移動平均線が何度も行ったり来たりで重なり合っていることから、方向感がないと判断できます。また、何度も重なり合っているということは、この環境では移動平均線を売買の指針として使えないということもわかります。

そのうえで、1.24が上値、1.20が下値になっています。ここを抜けてくるまではレンジ相場になりそうです。移動平均線の信頼度が下がる場面だとわかれば、別の売買指針を探していけるでしょう。

A8

解説

確かにチャートが上に抜けてきていますが、実はここでは買うべきではありません。

なぜなら、結果的には上昇しているものの、その前の部分を確認してみると、何度もチャートと移動平均線を行ったり来たりしているからです。ここはレンジで方向感が見えない局面だったのです。その点を考慮すれば、移動平均線をブレイクしたとはいえ、すぐに買うのは賢明ではないという判断になるのです。

買うとすれば、1.50の少し下辺りがレジスタンスラインになっていますから、ここを抜けたときになるでしょう。

著者略歴

今井雅人（いまい・まさと）

1985年上智大学卒業。2004年3月までUFJ銀行（当時）の為替部門総括次長兼チーフディーラーを務め、現在、グローバルインフォ株式会社代表取締役会長、株式会社マットキャピタルマネージメント代表取締役社長、財団法人インド経済研究所評議員を兼務。
2009年の衆院選で初当選をし、現在3期目。
著書に『世界一わかりやすい！　FXチャート実践帳〈デイトレード編〉』(あさ出版)、『真剣に資産を増やしたい人のための FX 必勝方程式』(扶桑社／共著)などがある。

●公式サイト「勝利の方程式」http://www.matt-i.com
●ツイッター　http://twitter.com/imai_masato

世界一《せかいいち》わかりやすい！　FXチャート実践帳《じっせんちょう》　〈検印省略〉

2009年　3　月 18　日　第　1　刷発行
2018年　2　月 26　日　第　26　刷発行

著　者——今井　雅人（いまい・まさと）
発行者——佐藤　和夫

発行所——株式会社あさ出版
〒171-0022　東京都豊島区南池袋2-9-9　第一池袋ホワイトビル6F
電　話　03 (3983) 3225 (販売)
　　　　03 (3983) 3227 (編集)
F A X　03 (3983) 3226
U R L　http://www.asa21.com/
E-mail　info@asa21.com
振　替　00160-1-720619

印刷・製本　神谷印刷 (株)
乱丁本・落丁本はお取替え致します。

facebook　http://www.facebook.com/asapublishing
twitter　http://twitter.com/asapublishing

ISBN978-4-86063-325-7 C2034